退歩を学べ

ロボット博士の仏教的省察

森 政弘
Masahiro Mori

アーユスの森新書
004

まえがき

本書は、進歩が行き詰まりを見せ、架空化してきた今日、その打開策としての退歩のすすめである。

「須《すべか》らく回光返照《えこうへんしょう》の退歩を学すべし」とは、禅者の間では有名な、道元禅師が書かれた『普勧坐禅儀《ふかんざぜんぎ》』（あまねく勧める坐禅の仕方）の中の金言である。これは解決を外に求めて（これを進歩という）あくせくするのではなく、歩を止めて坐禅をして心を落ち着け（これが退歩）智慧の光を回し廻らして自己の内面に当て、仏性《ぶっしょう》を照らし出せ、というふうに解釈してよいであろう。筆者も三十数年間仏教を研鑽してきたが、禅の師からは、仏教では進歩とは外側のことを言い、内側の心のことは退歩と言うと教わった。

本書のタイトル「退歩を学べ」は、ここから出ていることは言うをまたない。それならば本書は坐禅の指導書とするのが道であるかもしれなかったが、それはすでに巷に種々刊行されているので、あえて坐禅には触れず、内面である心の問題に重点を置きつつ「陰」の発想（シルエットの発想と言うべきか）に主眼を置いて、感じるところを披瀝した。これは現代人の多くが、あるいは忘れ、あるいは気付かずにいる盲点を突いたものになったかと思っている。

この書は、進歩に対して否定的な意見を述べたものではなく、退歩と同様に進歩も必要不可欠であるという立場を取っている。しかし今日あまりにも進歩一辺倒に偏り過ぎて、進歩の悪弊が現れ、進歩自身がナンセンスなことになりかかってきたので、退歩に重点を置いて記述したわけである。

全体は八章から構成され、第一章では導入として退歩の必要性を述べ、第二章では、それを哲学的に裏付ける「一つ」という、とくに仏教の禅宗で重んじられている思想を解説した。この章は難解かもしれぬが、読者はこれによって進歩とともに退歩がいかに必要であるかが理解できよう。「退歩なくして真の進歩はあり得ない」とも言えるのである。

第三章で心に目を向ける必要性を述べたので、続く第三章「内側発想入門」では、心の問題とはこういうことを言うのだというやさしい例題を挙げた。

第四章では、仏教が説く善・無記・悪の「三性《さんしょう》の理」について徹底的に解説した。これはどの仏典、どの解説よりも詳しいものになったと思っている。心の整備を抜きにしてはいかなる善も悪に転じることがお分かりになるであろう。また逆に、心しだいでは、悪から善を生み出すことも可能なことを示した。

第五章は、知らぬ間に贅沢になってしまった現状への反省である。とくに贅沢の元になっている貪欲《とんよく》について論じ、地球有限の立場から節約への警鐘を鳴らした。辛抱せずに貪欲を抑えるには「物との会話」が有効との筆者の体験から、第六章では、物の気持ちを察し、物と話をする姿勢を種々の例題を挙げながら述べた。この「物との会話」は本書の特徴の一つであろう。

最近の技術進歩はまことにめざましいが、一面すべてコンピューターに頼り過ぎて複雑化、混乱化するとともに、一つ覚え的な発想が横行し始めた。第七章ではこの点を憂慮して「簡秀《かんしゅう》技術」なる概念を設け、退歩的技術としてその例を示した。

最後の第八章では、最近多々出くわす眉をひそめざるを得ないようなハイテク化・ディジタル化の欠陥について感じるところを論じ、大自然への敬虔な姿勢のすすめを述べた。

要するに本書は、進歩の行き詰まりが察知されだした現代に向かって、退歩という活路を示そうとしたものである。

退歩を学べ――

目次

第四章　仏教が説く善・悪……………………77

第一章　「退歩」とは何か、なぜ必要なのか

ハエに学ぶ退歩

進歩進歩・発展発展という、これまでの前向きだけの姿勢が反省されだしたこの頃ではある。しかし世の中には、進歩こそがいのちであって、「退歩」などもってのほかだと思われている向きも多いのではなかろうか。とくに、経済については、成長のないところには成立しないと堅く考えられているようである。だが本当を言えば、退歩のないところに、まことの進歩は望み得ないのである。ゆえに本書では、退歩の意義について考察を試み、諸賢の省察を促したいと思う。

図1に示したような光景は、誰もが目にされるところだろうが、日本のわれわれは今、左側にある大きな（仮想の）虫眼鏡の中に見えるハエの立場にいるのではなかろうか。このハエは外へ出たくて、前進姿勢一本槍でもがいている。しかしそこには透明なガラスが立ちはだかっているので、いくらもがいても外へ出ることはできない。いずれくたばって死んでしまうことは、人間が見れば明らかだ。

筆者は、このハエに、退歩する知恵があったならばと思う。後ろへ引けば視野が広がり、窓の右側に本当に開いた場所が見える。だから、そこから外へ出るだけで、わけなく助かるのである。肝心な点は、ガラスの存在を見抜く眼力と退歩する心の余裕があるかどうかである。こ

図1　窓ガラスとハエ

のハエの事実から、行き詰まってきた現代のわれわれは、多くを学ぶことができる。

まずは、もがくのを止《や》めて落ち着くことだ。もがいている間は眼力が鈍っている。だから、ぶち当たっているガラスが見えない。さらに視野も狭くなっている。ゆえに窓の右側の本当に開いた箇所が分からないのである。

ここで「窓ガラスがすべて閉まっていることもある」と絶望してはならない。それは科学的理性を上回る宗教的信念の話になるが、自然の道理をわきまえずに人間が勝手にでっち上げた世界にいるのならばいざ知らず、自然の道理に従って生きてさえいけば、人類も、草木や鳥獣と同様に天寿を全うできるはずだからである。つまり人間が自然の道理に従っている限りは、窓ガラスは開いているのである。その意味で、大自然の道理に謙虚になると同時に、望みを捨ててはいけない。（もちろん天文学者が言うように、一〇〇億年も経てば太陽そのものが消滅するのだから、その時は、人類も含めて生物すべての天寿であろう。言うまでもなく本書は、そのような天文学的なロングスパンを考えて執筆しているのではない。せいぜい一〇〇年か二〇〇年くらい先までを心配してのことである。）

ハエから学ぶ第一は、肉眼には見えないもの（図1では窓ガラス）が存在するということを知る知恵である。今ぶち当たっている物は見えないけれども厳然として存在するということを知らないからこそ、もがき羽ばたくのだ。

ガラスの存在が見えない人とは、たとえば経済で言えば、クレジットカードやローンなど、稼ぐ前に使ってしまうという行為が、いかに「不健全」で、また「人為的」なものであるかが分からない人と言ってよかろう。リーマンショックが典型例だが、アメリカが風邪を引くと日本は肺炎になるという諺通り、ウォール街でのマネーゲームの虚構が日本にも強く影響しているのに、この豊かさは見せかけのものであって、その実は危険な借金の上塗りであることが見抜けないのである。わが国がいかに多額の借金を抱えているかを知れば、その恐るべき不健全さが分かるだろう。

不健全さの次は「人為性」である。ここで言う人為とは、「天」を知らぬ人間がでっち上げたものという意味である（この「天」とは神と言ってもよいし、大自然と言ってもよい）。天地宇宙の道理にかなっていないもののことである。そしてこの「天地宇宙の道理」こそが、本当に開いた窓を通過することができるパスポートなのである。道理に合わなければ、必ずどこかで行き詰まり破綻を来す。

そして、このパスポートを手に入れるには、どうしても退歩をする必要があるのである。

人間はえてして、一方（たとえば進歩）だけを取り、他方（退歩）を捨てるという愚行を犯すが、それは「陰陽合一」という天地の道理に暗いからである。心を静めて省察すれば、次章で解説するように、進歩と退歩とは、光と影、昼と夜のように、「陽」と「陰」として互いに伴い相助け合うものであることが分かる。図のハエが教えてくれる通り、退歩（陰）すれば本当の進歩（陽）が約束されるのだ。

ここでハエが教えてくれると言ったが、本当は自分の習い方によるのである。自分に習おうとする気持ち——問題意識——がなければ、ハエからは何も学ぶことはできない。

退歩とは内側のこと、心のこと

仏教では、「進歩」というときは自分の外側、つまり物や資産に着目した姿勢を言い、それに対して「退歩」とは、内側、すなわち心を問題にする態度を言う。

「まえがき」でも紹介したが、「須《すべから》く回光返照《えこうへんしょう》の退歩を学すべし」とは、道元禅師の『普《ふ》勧坐《かんざ》禅儀《ぜんぎ》』（あまねく勧める坐禅の仕方）の中の金言である。退歩は坐禅の心得なのだ。

仏教は心の宗教と言われるくらいに内側を大切にする。たとえば、臨済宗で唱えられるお経（正確にはダラニと言う）に『首楞厳神呪《しゅりょうごんじんしゅ》』（楞厳呪《りょうごんしゅ》）というのがある。これは長いお経であって、妙心寺でのその読誦を聞いていると、時間を超越したような、えもいわれぬ荘厳な感じに打たれる。その冒頭の句、

首楞厳神呪《シウレンネンジンシウ》
南無《ナフ》楞厳《レンネン》會《ウィ》上《ジヤウ》諸《ジ》菩《ホ》薩《ゾ》
楞厳會上諸菩薩
楞厳會上諸菩薩
楞厳會上諸菩薩

だけを読誦するのに六分間くらいかけているのである。わずか漢字で三十数文字に六分間だから、平均すれば一文字当たり一〇秒という概算になる。出だしのところは、聴いていても「うーーー」と、全身全霊を挙げて腹の底からうなり声を上げているようで、今どの文字を読んでいるのか全く分からないくらいである。

読者はここで試みに一文字を一〇秒かけて発音してごらんになってみれば、そのゆっくりさがうなずけるであろう。急ぎ足で、せかせかと前のめりになっていた日常を、反省しないではいられない気持ちに、ひとりでにさせられる。

しばしば「心のことをなおざりにしてきたからだ」という言葉を耳にするが、それは「退歩を忘れたからだ」と言い直しても当たっている。ゆえに「退歩を学べ」というタイトルの本書は、「心の問題に目を開いてほしい」という願いを込めた内容になっているのである。この本は心を練り上げ育てるきっかけを作る書である。

過去の前向き価値観

振り返ってみれば、明治維新以後の「富国強兵」という、国を挙げてのスローガンは、端的に言えば、前進と拡大路線だった。それは進歩であり、別の言葉を使えば「陽」であった。もちろん当時、そのような姿勢を取らなかったならば、わが国も、黒船来航以来押し寄せてきた、欧米列強の植民地政策に乗っ取られてしまっていただろう。だからそれはそれで結構なことであった。

下って第二次世界大戦。それはもう六〇年以上昔のことになるが、筆者が中学校三年生の一二月八日が開戦で、高等学校二年生の八月一五日が終戦だった。だから当時学校でも、軍事教練は最高位の重要性を持っており、完全に前向きを強要されていた。

陸軍の軍歌に「歩兵の本領」というのがあり、筆者も軍事教練で、銃をかつぎ剣を下げて行軍するときに、それを歌わされたものだったが、その中に「前進前進また前進……」や、「退くことは我知らず……」という歌詞があったことを覚えている。さらに戦争も末期になると、海軍の軍歌に「海の男の艦隊勤務、月月火水木金金」というのまで現れた。土曜・日曜という休暇など返上という、猛烈な訓練だった。まさに「陽」一本槍だった。

しかしこれら、全くゆとりのない緊張感の裏では、「一服したい」という感じ（陰）を多くの者が抱くようになったが、それを口にすれば非国民扱いされるので、おくびにも出せない雰囲気だった。

学校教練では、配属将校という現役の陸軍将校が各学校に配属され、学生の軍事教練を指導監督していた。筆者の高等学校には陸軍のK大佐という配属将校が着任していたが、軍人にしては珍しく話の分かる人で、ある教練の時間に「今日は退却の仕方を教える」と、退却の練習をしたことがあった。その時、退却は前進よりも難しいことを知ったが、上記のように「退くことは我知らず」「前進前進また前進」（陽）の陸軍の将校が、退却（陰）の練習をやってくれたというので、学生の間では愛すべき将校として、もてたものだった。

さらに時代は下って戦後の高度経済成長期およびそれ以降も、同様に前向きの「陽」一辺倒だった。大工場を林立させ、増産増産、一円でもコストダウンせよ、一秒でも速く、現場は改善に次ぐ改善だ、株価はいくら上がったか、……といったムードで、おかげで日本は物質的に裕福になることはできた。

　ところが人間一般の欲望には貪欲というパターンがあり、それは満足感なしの止まるところを知らぬ、得られれば得られるほどさらに欲しくなるという性質を持っている。とくに財産についてはこの貪欲が顕著である。この貪欲が、借金をしてでも投機して稼ごうとする不健全な経済運営を盛り立て、バブル経済を作り上げるが、バブルは時を経ずしてはじけ、経済は大混乱に陥るのである。進歩と言えば聞こえが良いが、中身は実に醜悪な貪欲そのものなのである。貪欲こそが進歩の美仮面を被《かぶ》った退歩の大敵なのである。

　スポーツでも、世界一になるのだ。銀や銅ではだめだ、金メダルでなければ値打ちはない。頑張りと精進努力あるのみ、という前向きの姿勢が、価値観であった。

　しかし面白いことに、そのような前向きの緊張社会になると、ひとりでにヒッピーと呼ばれる若者たちが出現した。彼らは既成の社会体制や価値観を否定し、脱社会的行動を取る人たちだった。東京は新宿あたりで寝転がり、髪など刈らず長髪のままで、破れジーパンをはき、仕事はせずに、ぐうたらして日を暮らすのであった。

　これは、以下で論じるように、陰陽は車の両輪の如しとでも言うべきか、世が「陽」に傾けば「陰」が出現するという道理の現れと見られる現象だった。しかしこのヒッピーの出現は、社会全体のムードを変えるほどには至らず、その後も日本全体は、つい先頃まで、テンションが上がりっぱなしの張り詰めた、厳しい緊張ムード、すなわち「陽」でやってきたと言えるであろう。

世の退歩調

ところでこの頃、書店やネットを通覧してみると、下記のような、まあ一休みしなさいという「陰」を薦める著書が、目を引くようになってきた。たとえば、

『「待つ」ということ』鷲田清一著、角川選書
『鈍感力』渡辺淳一著、集英社文庫
『「ゆる人生」のススメ』三浦勇夫・土屋賢二著、新講社
『「退歩的文化人」のススメ』嵐山光三郎著、新講社
『外様大名40家――「負け組」の処世術――』榎本秋著、幻冬舎新書
『急がない』葉祥明著、日本標準

などである。また、著名な精神科医、香山リカさんが『毎日新聞』に書かれた文章の中の次の文字も、筆者の目を引きつけた（『毎日新聞』二〇一〇年一一月二日（火）、「香山リカのココロの万華鏡」欄）。

「あわてない、あせらない、よく休む」「無理にテンションを上げたりせずに、じたばたしないのが消耗を防ぐコツ」「マイペースでゆっくりすること」「急がば回れ」など。

　さらに、ソニー・アドヴァイザリーボード議長の出井《いでい》伸之《のぶゆき》氏は、「前だけを見て必死に走ってきた日本は立ち止まって、歩んできた道を振り返る必要があり、これまで身に付けた価値観を総点検する時期にきている。資本主義は『数字がすべて』で、極論すれば『悪をしても、数字が上がればいいのだ』ということだったが、それはリーマンショックで、大きな見直しを迫られた」という趣旨のことを言っておられる（出井伸之「危機こそチャンス」、『ともしび』第一一七号所収、天台宗務庁出版室、五頁）。退歩という「陰」の必要性へ向かう反省である。

　これらいくつかの書物の表題とか香山さんや出井氏の発言に接すると、筆者は表明しがたいホッとした安堵感を覚えるのだが、もちろんそれは筆者だけのことではあるまい。おそらく多数の共感者がおられることであろう。

夜の位相の到来

しかし最近になって、地球が危ない、やがて人類は滅亡するということで、ようやく反省の姿勢が見られるようになってきたのではなかろうか。

ハイテンションの空気についてゆけず、精神疾患に陥る人も増加している。ともかく、張り切った弓は、ゆるめなくてはならない。退歩調の書物の氾濫も、社会という弓の弦をゆるめよという警鐘なのであろう。「陰」の出現である。

話は変わるが、交響曲とか協奏曲のようなクラッシック音楽の大曲には、必ずゆるやかなテンポの楽章が入っている。たとえばベートーヴェンの運命交響曲や田園交響曲では、第一楽章は速い Allegro だが、第二楽章はゆっくりとした歩く速度の Andante となっている。英雄交響曲では第一楽章は同じく Allegro だが、第二楽章は Andante よりもさらに遅い Adagio である。こういうふうでこそ、聴く者にとって感性的なバランスが取れるのである。能楽にも序・破・急という構成がある。

演劇でも同様である。昼の活気ある場面が第一幕ならば、第二幕は夜の物静かなシーンとなることが多い。

これらは一種の陰陽の現れと見てよい。一般に、芸術の世界では進歩と退歩が調和している。たとえば書でもそうだ。書の左下、署名のところには落款が二つ押されるが、その上側の印は白文といって、朱の地に白い文字が出るようになっており、下側の印は朱文といって、普通の印鑑のように囲いも文字も朱色で、地は白である。まさに陰・陽になっている。

ところが現代全般は、この陰陽の道理を忘れ、「陽」のみで突っ走ってきたのだった。新幹線のスピードも速まり、「のぞみ」号を使っての東京↔大阪の日帰り出張は、日常茶飯事となった。しかし途中の窓外の風景は、目にも留まらぬ速さでスッ飛んでゆくので、それを味わい楽しむ暇もなくなってしまった。そこで現れたのが、目的地への到着をせかせかと急がないで、鈍行列車で途中もゆっくり味わい楽しむという、「陰」の旅行の仕方である。

また、かつての筆者の専攻だった工場の自動化では、経済成長時には、その目的はプロセスの省略化（いわゆる省力化）で、なるべく手間をかけずに製品を作るところにあった。極論すれば、ゼロの手間で無限大の製品を望むという姿勢だったのである。ところが、この頃になって物作りの重要性が叫ばれ、そのムードが盛り上がってくるや、希望する完成品の他に、作る楽しみや喜びという、製作プロセスが重要視されるようになってきた。さらに「物作りは人作り」という標語が生まれて以降は、物作りは、そのプロセスにこそ価値がある、という視点が注目されだした。途中のプロセスを省略したのでは全く意味がなくなるという視点の登場である。プロセスを省略して結果を求める姿勢を「陽」とするならば、結果は二の次としてそこに至るプロセスに重点を置く態度は「陰」である。

また川北稔氏は、その著『イギリス近代史講義』（講談社現代新書）の中で、次のような趣旨のことを言っておられる。

資本主義にしろ、社会主義にしろ、このまま行くと資源はどうなるのか。これは主義の問題ではなく、本質的に、経済成長の問題だ。世界中が常に、よりよい生活をしなければならない、成長してゆかなければならないとすると、地球はどうなるだろうか。

成長率はゼロであってはいけない、マイナスは論外だという考えには問題がある。祖父や曾祖父の頃と同じ生活レベルではいけない、医学、科学技術、芸術すべてが発達しなければならない、と、成長が当然のこととして前提されているわれわれの社会だが、それを全世界に当てはめれば、破綻してしまう。このような成長信仰には問題がある。

近世のはじめスペインやポルトガルは対外発展をしたが、やがてフランス、オランダ、イギリスに抜かれた。しかし、抜かれてしまったスペインやポルトガルは不幸になったかというと、不幸になっていないし、昔の中世の状態にもどったかというと、そうでもない。オランダもそうで、一七世紀に非常に繁栄したけれども、イギリスに抜かれてしまった。しかし、衰退したとされる一八世紀のオランダ人は、不幸になってはいない。

だから問題なのは、成長信仰・成長偏執病ということであって、俗に衰退と言われているのはそれほど悲惨なことではない、というのが長年歴史研究に携わってこられた川北稔氏の結論の一つである。

折も折、本書執筆中、二〇一一年三月一一日に、東日本大震災が降りかかってきた!! 放送は大震災関係の報道一色に変わったが、同三月一八日から一九日夜中のNHKラジオ深夜便で、精神科医であり宮司でもある加陽濟《かやわたる》氏は、「今回の大震災で避難所へ行って、被災された方や働いておられる方たちに、どんな声をかければよいのか」とのアナウンサーの問いかけに対し、氏は「『頑張って下さい』と言ってはならぬ。すでに全員ギリギリのところまで頑張って通常の一〇倍もセンシティヴになっておられるのだから、むしろ『休んで下さい、伸びをしましょう』と言うべきだ。また避難してこられた方々も、眠れないときに、眠ろう眠ろうと思ってはいけない。眠ろうと思うと神経が過敏になるから、ただ体を横たえ、緊張をほぐすようにするのがよい。そして、救助支援で動き回っている人には『休みなさい』と、また、じっと動かないでいる被災者には『動きなさい』とアドヴァイスすべきだ。要するに反対のことをすることが必要だ。そして一般の方々は、『こんな緊急時に自分も何かしてあげないではいられないのだが、何もしてあげられない』と、もどかしくなり、罪悪感を抱き自分を責めがちになるが、それもよくない。自然でよいのだ」と言っておられた。

その後の福島第一原子力発電所の大事故への対応を見ていると、「退却の仕方」「撤退の仕方」が、全く訓練されていなかったように見受けられた。原子力発電というものも「陽」の世界の象徴だが、設計や運転に「陰」の気持ちがあったならば、ここまでのことにはならずに済んだと痛切に感じている。

以上いくつかの例を挙げたが、最近の社会気運は、「陰」の必要性が顔を出してきたと観《み》るべきなのである。働くことよりも休むことに、進むことよりも退くことに、作ることよりも捨てることに、世の重心が移動してきたのである。

要するに、太陽は沈んで太陰（月）が顔を出してきたのである。時の位相が、昼から夜へと移ってきたのだ。

大自然は「陰」と「陽」とがバランスを保ち、助け合い協力し合っているのである。われわれには、今こそ「陰」に対する開眼が求められているのである。次章ではその理由、とくに陰陽合一の必然性について述べることにする。

第二章　徹した思想「一つ」

この章で筆者は、「退歩」あるいは「陰」の意義を哲学的に正確に位置付け、それを読者に安心し確信を持って実行して頂くために、「一つ」という重要な思想を、できるだけやさしく解説したいと思っている。

しかし記述がやさしいからとて、読者はその思想を軽く見てはならない。それをたんに、カントやヘーゲルの哲学をはじめとする有名な西欧の大哲学と並ぶ程度のものと心得てはいけない。「一つ」こそは人類の思想史上、これ以上には登り詰めることができない高さにまで人間の思索が徹した、もっとも偉大な発見だからである。しかも西欧においては発見できなかったそれを、東洋が発見したのである。「一つ」の発見こそは東洋文化に千鈞《せんきん》の重みを加えた。それは、仏教、なかんずく禅の世界で強調されてきている思想である。以下わずか十数頁を介してそれを読者諸氏に伝えようと試みるのであるが、禅ではこの「一つ」が分かるまでに何年間も、あるいは人によっては十数年間も修行するほどのことなのである。

この思想は、人間の思考一般が行き着く「矛盾」というものを超えるもので、全人類に無限の自信を贈る鍵と言ってもよい。以下、この「一つ」という思想の内容について解説する。

止められなければ走れない

ある時、天下の本田技研の創立者で初代社長だった、本田宗一郎さんから筆者はこのような質問を受けた。

走るには――→アクセル
止めるには――→ブレーキ

これでよいか？　というのであった。

筆者はこのクイズを受け、「これでよろしい」と答えたのだが、叱られてしまった。本田さんは「君な、アクセルで走れるのなら、あそこに停めてある私の車のブレーキを外してやるから、それに乗って走ってこい」と言われた。――「あっ、そうか！　なるほど、走るのにもブレーキが要る！」。ブレーキなしでは危なくて走れない。筆者は完全にやり込められてしまったのだった。

続いて、「それなら止めるのはどうだ？」と問われたので、よし、こういう次元の高いことを言われる方には逆説で行こうと、とっさに思い、「本田さん、止めるのはアクセルです」と答えたところ、ＯＫが出た。ただしその時、筆者は本当の理由は不明なまま、やみくもに逆説的に答えてパスしただけのことで、果たして止めるのにどうしてアクセルが必要なのかは、納得できないままだった。

ところが翌日、自分の車を車庫に入れている時、そのことがふっと頭をかすめ、「あっおれは今、どっちを踏んでいるのかな」と意識したら、なんと、アクセルを踏んでいるではないか！　その時、さすがは本田さんだと、つくづく感心したしだいだった。（本田さんは、以下に述べる「一つ」を心得られた優れた方で、このアクセルとブレーキの問答は、その「一つ」をいかにして自社の従業員たちに分からせようかとの苦心のアイデアだったのである。）

ただむちゃくちゃに止めるのではなく、人の邪魔にならないように駐車場の仕切り線の中へ止める場合は、アクセルでその場所に入れ、最後にブレーキを踏むのである。アクセルなしには、きちんと止めることも不可能だ。

要するに、走るにしても、止めるにしても、アクセル（陽）とブレーキ（陰）という、互いに正反対のハタラキをする二つが不可欠であり、さらにその二つを、けんかさせずに協調させることが必要なのである。このことを図式的に書き表すと図2のようになる。


以下【走】についても【止】についても内容は同じことになるので、【走】についてだけ説明してゆく。

一口に走ると言っても、暗黙のうちに、安全に走ることを意味しているわけで、したがって

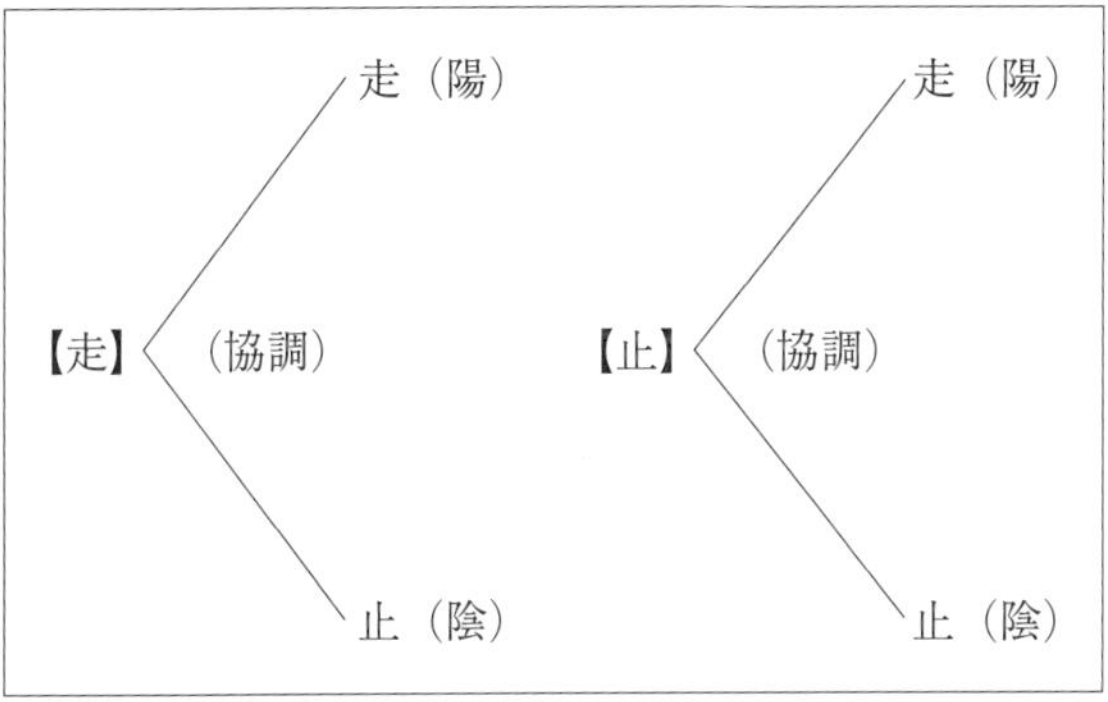

図2　走と止と【走】・走と止と【止】

それは、図での走ではなく括弧付きの【走】を示しているわけである。

ここで、走と止とは正反対のもので、哲学的な表現をすれば、「対立概念」ということになる。そして、【走】は、括弧なしの走と止という対立概念が溶け合って「一つ」になったと観るのである。これを合一とも言う。哲学的には、【走】は走と止という対立概念を止揚（アウフヘーベン）したものと言う。あるいは仏教哲学的には「無分別《むふんべつ》」とも言う。ここで走を「陽」に、止を「陰」に当てはめれば、前章で述べたことが分かりやすくなると思う。

電気を通さない物がなければ電気は流せない

もうひとつ別の例として、電気を流す場合を見てみよう。

言うまでもなく、銅とかアルミニウムなどの金属で

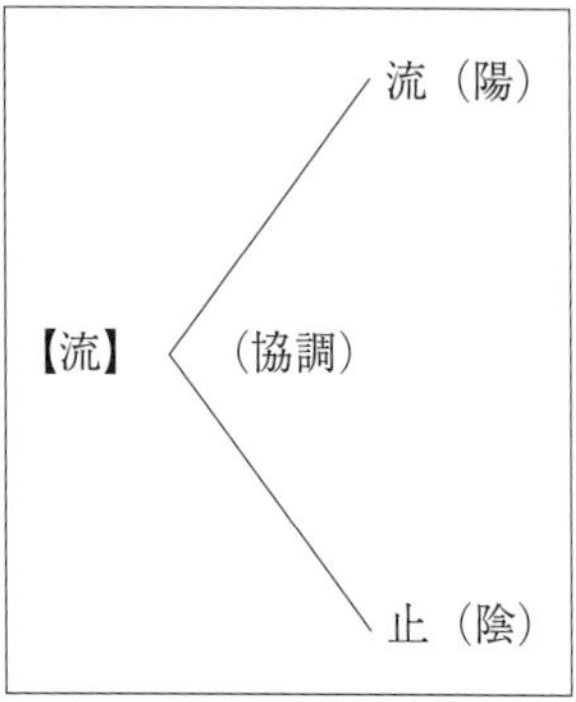

図３　流と止と【流】

できた、（その中を電気が流れる）導線というものがなければ、電気は流せない。しかし導線とは性質が正反対の、電気を通さない絶縁物というものなしには、電気を流すことは不可能なのである。

たとえば、送電線の鉄塔でも、あるいは電車の架線でも眺めてみれば、電線（導線）を吊り下げている、ひだの付いた白い陶磁器製の碍子《がいし》（絶縁物）が必ず目に入るはずである。もしもその碍子がなかったとしたならば、発電所で起こした電気は、発電所でショートしてしまって、こちらまでは流れてこない。

それどころか、絶縁物なしには発電そのことが不可能なのである。発電機には、導線を何回も巻いたコイルが不可欠だが、裸の銅線を巻いてもコイルにはならない。それはショートしてしまって、一回しか巻かなかったことになるからである。

電気を流す導線と、流さない絶縁物との両方があってこそ、初めて電気を役に立つように扱うことができるのである。一般に、電気を扱うところでは、必ず電気を通す導線（陽）と、通さない絶縁物（陰）とがうまく使われている。図示すれば図３のようになる。

全く同様のことは、水道のホースについても当てはまる。ホースのハタラキは、蛇口から目的の場所まで水を流すところにあるが、それはゴムとかビニールとかという、水を通さない物質で作られている。もしも、ホースは水を通すものだからといって、水を通す材料、たとえばガーゼなどで作られたとしたならば、水は途中でジャージャー漏りになってしまって、およそ役をなさないわけだ。

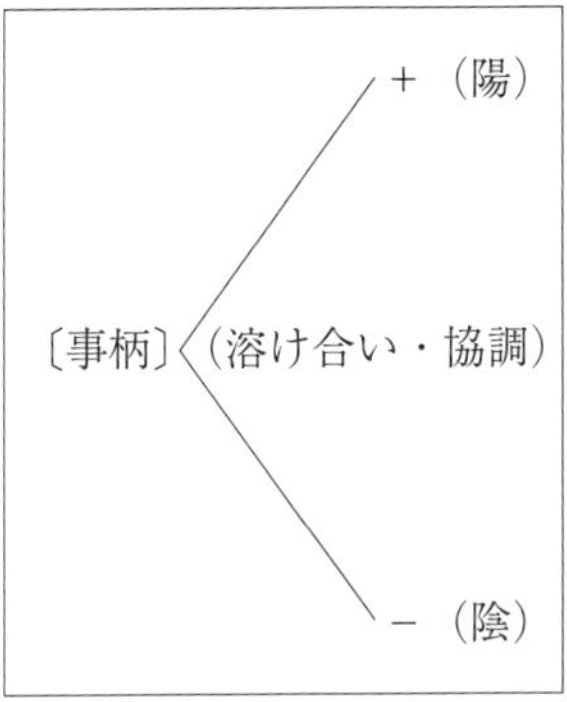

図４　陰陽合一

一般化

以上、〔走る：止める〕、〔流す：流さない〕の二例を挙げたが、このような対立概念の「一つ」への溶け合い、あるいは協調・止揚は、これらの例に限らず、次のように一般的に成立することなのである。

すなわち、一つの事柄をスムーズに運ぶためには、まず第一に、プラスの要因（陽）とマイナスの要因（陰）との両方が必要であり、第二には、その両者をけんかさせるのでなく「一つ」に溶け合わせ、協調するように運営することである。図示すれば図４のようになる。

これを、＋と－、あるいは陰と陽という正反対の二つを一つにまとめる、すなわち合一させると言う。この図4は、極めて貴重な図式である。本書中でもっとも重要な宝と言ってよい。読者にもそのように心得て頂きたいものである。

二つに分かれると悲劇、「二見に堕すな」

気付いてみれば、家庭にしろ、スポーツチームにしろ、はたまた国にしろ、二つに分裂したのでは悲劇である。夫婦、親子が分裂した家庭は崩壊家庭である。チームの心が一つにまとまっていなければ、野球でもサッカーでも勝てはしない。民族二分裂の大悲劇は旧ドイツや朝鮮半島を見れば明らかである。

ところが悲しいかな、人間一般は普通、二分された片方が良いと思う。いや、片方が良いどころか、多くは片方でなければならないと信じている。ひどい場合にはこれがイデオロギーにまで発展し、越境者を銃殺する蛮行を犯すまでになる。たとえば普通は、「マイナスや退歩などもってのほか、前向きの進歩あるのみ。企業は常に進歩と拡大だ」と。あるいはその逆に、マイナスを主義とし、まじめに働くことを軽視し嘲笑して、ヒッピー的になる。これらはどれもが二への分裂である。悲しいかなこれは人間の通弊であって、人間は必ずと言ってよいくらいにどちらかへ偏るものである。

しかしそういうのを、禅では「二見《にけん》に堕《だ》す」といって厳しく戒めている。あらゆる物事を対立概念でとらえて分けた上で、その対立概念の一方を良しとし、他方を排斥する姿勢は堕落というわけである。さらにこのことを強調するために、「正」しいとは「一」に「止」まると書くとさえも教えているくらいである。

「一つ」にまとめる大難関

このように説明してくると、前記のアクセルとブレーキや、電気の導体と絶縁体の例は、厳選された極めて分かりやすいものゆえ、対立概念を「一つ」にまとめるということは何でもない当たり前のことのように思われるであろう。そしてその通り、事実の世界である現場では、当たり前に実行されていることである。自動車の運転は、今ここで論じているような小難しい理屈など知らなくても、アクセルとブレーキの両方を使ってごく普通のこととして行なわれているし、電気工事の現場では、何の疑いもなく導線を碍子に吊り下げる工事が行なわれているわけである。

しかし言葉を専らとする観念の世界ではそうは行かず、「一つ」にまとめることは大難問となる。たとえば会議の席上などでは、「走るのはアクセルだ」という二見が平然とまかり通ってしまうし、おそらく誰もが、それに対してブレーキが要るとは反論しはしない。議論の席上のような、つまり観念の世界では、「一つ」にまとめるという達見は普通には現れないのである。本田宗一郎さんのような方は別として、世間一般では二見のままで議論が進み、誰もがそれに対して疑念を差し挟まない。それで結局、人間一般は苦しみもがくことから脱出できないでいるのである。二見に堕すと苦になる適例は美・醜であろう。もしも自分の顔や姿を醜いと思えば、その女性は苦しむだろう。美は良く醜はだめだという価値観は世間の通念になってはいるが、実はそれは二見に堕した見方なのである。彼女が美・醜の対立を乗り越えて、美醜など問題にしなくなるまでに精神を練り上げれば、二見から脱して楽な気持ちになることができる。美醜にとらわれない心こそ本当に美しい心なのだ、というレベルに止揚できれば理想である。

しかも幸いにも、縁あって禅の修行にでも入ると、以下に述べるように知識や並のレベルの知恵が否定されることになるが、そこで修行者は初めは面食らい、わけが分からなくなってしまうのである。

それは、「一つ」になることは、われわれに「知性の世界を飛び出せ」と、途方もないことを要求するからである。人間一般が金科玉条としている知性というものの否定に直面するのである。人間は知性ある動物だから、誰もが知性というものを大切にし、それは良きものと信じ込み、知性を向上させようと努力し、知性に欠点などあるはずはないと思っているのに、それを捨てよと迫られるのだ。さもなくば以下のようなわけで「一つ」には到達できないからである。

古くから、人間は考える動物と言われている。そしてその考えるためには言葉を使う。ところが、知性の旗印とも言うべき、この言葉というものが実は非常なくせ者なのである。なぜかと言えば、左記のように、言葉には「合わせる」とは反対の「分ける」という本性があるからである。言葉というものが表すのは概念であって、その概念は、物事を、大：小、善：悪、美：醜、好き：嫌い、……というように、互いに対立し相反するものに二分する（対立する二元に、分ける）という本質を有している。思考は、その分けられた一方だけを組み合わせて構築される。二分した一方を幾重にも積み上げてゆくのが思考一般なのである。

たとえば「このリンゴは私のものでしょうか」という思考に関して言えば、(1)最初の「この」は、向こうにある「あの」ではなく、ここにある「この」を指しているわけだから、「あの」と「この」に二分して、そのうちの一方である「この」だけを取り上げているわけだ。(2)次の「リンゴ」は、「リンゴ」と「リンゴ以外のもの（柿とかミカンとか机とか鉛筆）」に分けて、そのうちの前者だけを取り上げている。(3)さらにその次の「私のもの」は、ものを「私のもの」と「人のもの」とに二分し、その一方だけを指示している。(4)最後の「でしょうか」は、「であります」という「決定」と、「でしょうか」という「疑問」の二つのうちの「疑問」

である。ゆえに「このリンゴは私のものでしょうか」という思考は、二つに分ける行為が四重に積み重なって成立しているわけである。

つまり「一つ」ということは、合わせるという行為を必要とするのに、言葉を使って考えるという知性は、基本的に、それとは反対の分けるという本質を有しているのである。

気付いてみれば、一般のわれわれが、優れたもの、良きものと信じて疑わない知性というものこそが、物事を二つに分ける――分別する――大本であり、これが「一つ」への接近を不可能にする原因だったのである。すなわち知性こそが「一つ」にまとめることを妨げる原因で、その知性の特質である分別という世界を飛び出さない限り、「一つ」という宝は手に入らないということなのである。

先に、「一つ」とは「正反対の二つを合一させること」と事もなげに述べたが、それは換言すれば「異なるものは同じだ」という矛盾を納得しなければならないことになるので、「一つ」への到達は知性の世界の限界を超越する大難関だということが分かろう。

科学的知性の殻を破り、超知性の直覚へ

われわれは、この知性なるものの殻を破って大難関を越え、自由な場へ出なければならない。難関を突破して、二元対立の束縛から解放されなければならない。それには分別とは逆方

向の無分別の方向を目指さなければならないのである。ゆえに本来分別の方向を向いている知性をいくら働かせても、効果は現れない。いや、知性を働かせれば働かせるほど理解不能に陥るのである。

それならば、無知になればよいのかというと、いわゆる無知では、このように高尚な納得は不可能であることは言うまでもない。

したがって、知性というものを超えるより他はないということになる。それならば知性なるものを超えたところには何があるのかと言えば、それは「直覚」あるいは「直観」である。別の言い方をすれば、普通の知性以上の超知性が必要だということになるのだ。

このことは、科学的な（自然科学に関してだけではなく、人文科学も社会科学も含めての）思考では、この境地には到達できないということを示している。

この「直覚」による合一に、仏教では「即」という文字を当てている。この「即」こそは、人間一般の知性を超えた「直覚」あるいは「直観」の世界のことなのである。有名な色即是空、空即是色の即である。この即こそは、「異なるものは同じだ」という無分別を表すもので、二元対立からの解放である。その総文字数、約八六〇万字とも言われる膨大な仏典中で、もっとも重要な一字なのである。人類が到達し得た金字塔の頂点に位する文字である。

したがって、二元分裂し対立抗争する悲劇を避け、「一つ」の理想郷に入るためには、色即空、空即色だけではなく、大即小、美即醜、前即後、急即緩、主観即客観、陽即陰、迷即悟、煩悩即菩提、生即死……と、あらゆる対立概念を合一してゆく必要があると言わなければならない。

このように、「一つ」の理解は知性的には非常な難関なのである。

すでに故人となられたが、筆者の先輩に科学的・論理的な思考に非常に忠実な大学者がおられた。先生は、その専門領域では、日本をリードされる第一人者であった。しかしその先生は科学的思考に忠実なあまり、その殻を破って外へ出ることはおできにならないままに世を去られた。残念なことであった。今にして思えば、先生には「知性の殻というもの」がお見えになっていなかったようであった。限界が見えなければ、その外へ出ることはできない。だから先生は「仏教は間違いだ」とさえも言っておられたのだった。

科学的理性の世界から「即」を眺めれば、それが間違いに見えることもやむを得ないと言えないことはないが、そのように見えるのは、自分が知性の世界に漬かっているからである。「直覚」は知性の殻の外の別宇宙のものであるということを、ここで強調しておきたい。

話がやや脇にそれかかったが、「即」を納得するためには、知性に染まってしまっている心を白紙にもどして、一度知性を捨て去り、「直覚」の世界へ入る必要がある。「異なるものは同じだ」ということは、直覚によって初めて納得できることだからである。

言葉の否定

以上述べてきたように、言葉は二つに分けるという本性を有することが理由の一つであろうが、仏教、とくに禅宗では、われわれ一般人からすれば極端と思われるほどに言葉を否定し、沈黙を重視する傾向が強い。その世界では、「真理は言葉では言い表せない」とか「言葉で示したものはすべてうそだ」とかと言われている。

二元対立、分別を本性とする知性世界にいるわれわれからすれば、それは理解に苦しむところであり、人によってはめちゃくちゃな発言と思われるであろうが、以上述べてきたところから、このような「言葉の否定」ということも納得して頂けると思う。

したがって、ここで解説している文章も言葉によっているので、基本的には分けているわけだから、「一つ」についての説明には限界があると言わなければならない。筆者もそのことを承知の上で執筆しているのである。

理解と理会、表現の矛盾と理会の矛盾

前記で「理解に苦しむ」と書いた。この「理解」という語は、理性の「理」と分解の「解」とから成り立っている。とりわけ「解」は『漢和大字典』（藤堂明保編、学研）によれば、

「角＋刀＋牛の会意文字で、刀で牛の体や角をばらばらに分解することを示す」「一体をなしたものをばらばらに分ける。また、一体をなしていたものが離れ分かれる……」とある。ゆえに理解するとは理性でもって分けるという意味になる。

読者はこのことから、「一つ」ということは理解とは反対方向の作用だということがお分かりになるだろう。いや、そもそも「分かる」とは「分ける」ことを本質としていることを文字が物語っている。

ゆえに「一つ」は、分けないことだから分からないのである。理解とか分かるというよりも、「納得する」とか「ドスンと心の底に落ち着ける」とか「腑に落ちる」とかと表現する方が当たっていよう。分けるから納得できるのではなく、合わせるから納得できるという意味で、理解ではなく、「解」を「会」に代えた「理会」という語を使うこともあるくらいである。この「理会」という語は明治時代の論文に見られたということを聞いている。

しかし、たとえ理会という語を使おうとも、「一つ」に合わせるということは、分解を本性とする言葉や文字の限界を超えている。そこで先人たちにはその表現に非常な苦労をされた跡が見える。次に述べる西田哲学の「絶対矛盾的自己同一」もそうだが、「表現の矛盾と理会の矛盾」という言い方も生まれたと聞いている。前記した走即止、煩悩即菩提などは明らかに表現は矛盾しているが、心の基底ではもやもやしたものはなくなって、すっきりと腑に落ちている、つまり理会の上では矛盾がなくなっていることが重要なのである。

禅の修行は、ここで説明している「一つ」を、修行者に本当に納得させるところにもあると思われる。

ゆえに師からの問いに対し、弟子は言葉でしゃべって答えたのでは不合格となる。しゃべることは分けることだからである。それならば、黙っておればよいのかと言うと、それもだめなのである。しゃべらないというのも分けたことになる。つまり、「しゃべる」「しゃべらない」は、どちらも対立概念の一方でしかないからである。ここで弟子は窮地に立たされるのである。

では、どのようなのが合格かと言えば、口を閉ざしたまま、心の底から「むー」とか「ぶー」と唸ると合格だと、筆者はかつて師から伺ったことがあった。

わが国が生んだ世界に冠たる西田哲学では、上記に説明したことを、

「絶対矛盾的自己同一」

と表現されている。これは西田先生、苦心の名言だと言わざるを得ない。

「一つ」にとらわれると二見に堕す

ところで、人間頭脳の「二つに分ける」というハタラキは非常に強固で根強く、簡単に抜け出すことができるものではない。

その証拠に、上述のように「一つ」が重要であると強調すると、われわれは、「二つ」に分けることはだめだと思う傾向に陥るのである。この「陥る」という書き方をけげんに思われる読者もあろう。「一つ」が大切で「二つ」はだめだと、著者は長々と力説してきたではないか？　と、いぶかられるであろう。実はそこが問題なのである。

気付いてみれば「一つ」はよくて「二つ」はだめだ、という考え方は、

「一つ」:「二つ」

という「二つ」に分かれたパターンになっているではないか！　これでは本当の「一つ」ではない。「一つ」に固執した結果である。「一つ」にとらわれると「二つ」になってしまう。われわれの頭の分けるというハタラキは、こんなにも強固なものだ。ここがまたもや難関なのである。

『信心銘《しんじんめい》』という禅の古書があるが、その中に、

二由一有　一亦莫守（二は一によりて有り、一もまた守ることなかれ）

というくだりがあるが（大森曹玄訓註『禅宗四部録』其中堂、一一頁）、これは二元対立の世界はその対立を可能にする根底があって初めて成り立つもので、その根底を絶対的な一という。その一を守る（固定化して見る）と、そこにまた対立が生ずるということを述べているのである。つまり「一つ」に固執すると「一つ」でなくなるのである。ゆえに本当の「一つ」を得るためには、「一つ」にもこだわらない柔軟な姿勢が必要で、すなわち前記の一般図式、図4（三七頁）に当てはめれば、「一つ」と「二つ」を合一止揚した【一つ】こそが本当の一つということになるのである（図5）。つまり「一つ」にならなければならないときには「一つ」の考え方をし、「二つ」にならなければならないときには「二つ」の考え方をする」ということになるわけである。し

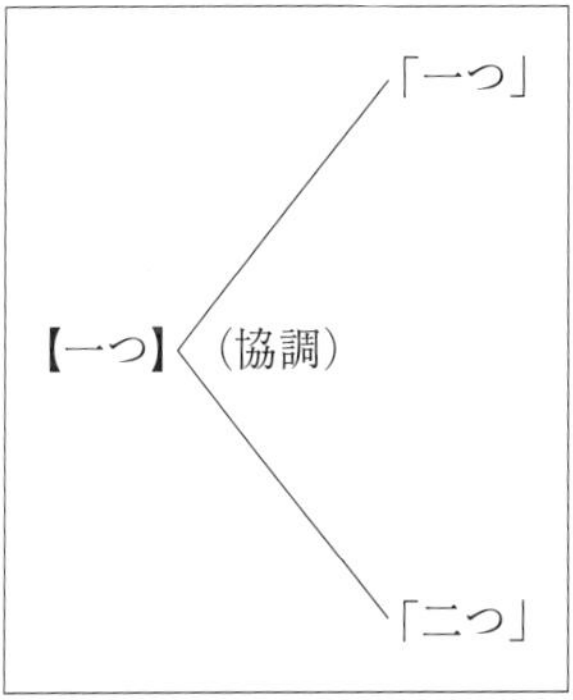

図5　「一つ」にもとらわれないのが本当の【一つ】

たがって、仏教は「二つ」も認めることになるので、科学の考え方をこばむことはしない。

読者の中には、それでは考え方の基準がなくなってしまうので、自分勝手のめちゃくちゃになってしまうのではないかと思われる方も、定めしおられることであろう。すなわち、「一つ」にならなければならないときと、「二つ」にならなければならないときとは、何を元（基準）に判断し区別できるのかという疑問である。

筆者は今ここで理屈をこねているわけだが、仏教は理屈よりも実践を重んじる。要するに口先で理屈を言うよりも修行せよということである。修行して心の底の底までが清らかに掃除できれば、ひとりでに間違いなく、この「一つ」と「二つ」の判断はできるようになるのである。そうすれば、要するに、「一つ」にも「二つ」にもとらわれない、【一つ】が実行できて、問題を起こさないどころか、万事が真理のレールに乗ってすらすらと運ぶようになってゆくのである。

仏の智慧

何はともあれ、「対立概念を超えたところに真の解決がある」ことを発見した先人たちは、優れて偉大であると言わざるを得ない。ここに人類最高の智慧——無分別智《むふんべつち》——が観《み》られる。

無分別智は仏のものである。

この智慧（知恵とは区別して智慧と書く）には主観と客観の対立はない。主・客は合一しているのである。それは実践としては、坐禅・念仏・唱題をはじめとした、我を忘れるまでに精神統一する三昧である。このゆえに、「一つ」の思想こそは、先に述べたように、カントやヘーゲルの哲学をはじめとする西欧の大哲学よりも上位に位置するのである。

この【一つ】のひとつの応用が第一章で述べた陰陽合一なのである。陽のみでは二見に堕することになってしまう。ゆえに陰である「退歩」が必要なのである。これが本書の存在理由を裏付けている哲理である。

第三章　内側発想入門

退歩を学ぶための重要ポイントは、原因を内なるわが心に求める姿勢である。筆者はこの姿勢を「内側発想」（陰）と呼んでいる。これに対し現今多く行なわれている、原因を外なる物や他人のせいにする姿勢を「外側発想」（陽）と言うことにしたい。この章では「内側発想」とはどのようなものかを例を挙げながら説明する。

授業の面白さ

筆者は東京工業大学に在職中、しばしば学生に、「氷が溶けたら何になる？」と問いかけたものだった。すると、学生は子供に聞くような質問はしないでくれと言わんばかりの顔をして、「水ですよ」と言う。また別の学生に「氷が溶けたら何になる？」「水です」。

さすがは東京工業大学である。誰に聞いても「水です」「水です」と答え、他の答えを出す学生は一人もいない。この「さすがは」は、東京工業大学が入試競争率が高いとか偏差値がどうのという意味ではなく、物のことしか教えていない大学という意味なのである。

それにしても、よくもよくもまあ、日本中「氷が溶けると水になる」と教え込んだものだと思う。もちろん答えは「水になる」で間違いではないのだが、大学生になったのだから、一つ覚え的に、水になる、水になるとばかり答えないで、「氷が溶けると春になる」ぐらいのことを言ったらどうなんだ、と思うくらいだった。

なお話がそれるが、仏教的な答えとしては、「氷が溶けると仏になる」と答えるのが上等だ。仏教では、しばしば、氷を衆生（まだ悟っていない凡人）に、水を仏にたとえる。凡人の心は、氷のようにカチカチに凍り付いていて、身動きが取れず苦しんでいる。仏の心は、水のように自由自在にさらさらと流れて苦しまない。白隠禅師の『坐禅和讃《ざぜんわさん》』の冒頭には次のように出ている。

衆生本来仏なり　　水と氷の如くにて
水を離れて氷なく　　衆生の外に仏なし

衆生が悟ったのが仏だ、ということである。仏も衆生も本質的には、H_2Oという意味では同じだが、その状態が溶けた水であるのか、凍り付いた氷であるのかが違うのであるという。

話をもどす。現代は外側ばかりが強調されているので、内側すなわち内面的なこと、心のことを強調しなければ二見に堕してしまう。それで筆者は学生の内側発想を訓練しなければならないと考え、「創造工学演習」という授業を創設した。一九七六年のことだった。

当時、学生の顔からだんだん潑剌《はつらつ》さが薄れていくのが気になっていた。眼が輝いていない。

学問をしようという意気込みが見られない。授業が面白くないようだった。それで、教授、助教授は、自分が担当する授業を興味あるものにしようと、いろんな工夫を凝らしたのである。筆者も講義の内容自体への工夫はもちろん、冗談の練習をしたり、Over Head Projector（OHP。当節の映写はPowerpointになっているが、当時はOHPだった。ただしこの方がアナログ的で創造的な表現上の工夫は利いた）の上で絵が動くような工夫をしたりして、ある程度効果は上がった。しかしある教授が言うには、「どうも、授業中の学生の目つきはテレビを見ている目つきだな」と。

「なるほど、そう言えばそうだ。黒板がディスプレイで、おれたちはタレントか。冗談じゃない、娯楽番組の面白さを標準にして授業を受けられたのではたまらない」。そこで筆者は陰陽合一の理に則って、授業を面白くすることを止めたのだった。

陰陽合一の理の意味するところの一つは、どのような意見でも必ず反論が成立するということである。

授業は面白くすべきだ、という意見も当然理解できるが、その反論として授業は面白いようなものではない。難しいものだ。それを辛抱して聴くのが授業だ、という意見にも一理がある。そこで筆者は学生にこう宣言した。「これまで授業を面白くするように工夫を凝らしてきたが、これからはそういうことは止める。大学の授業は、テレビの娯楽番組や寄席ではない。授業は辛抱して、鯉が滝を上るような気持ちで受けるものだ。授業がいやだと思う者は出て行け。後ろの方の席で漫画を読んでるなどもってのほかだ」と。

ところがこれでは、け飛ばすだけになってしまう。け飛ばすだけでは、二見に堕してしまう。ゆえに、け飛ばしたら、それを下から受け止めて救わなければいけない。

そこで筆者は、新設した「創造工学演習」の授業で、こういう宿題を出したのである。

「面白くない授業を、面白く受けるアイデアを出せ」

このアイデアが出れば、私はことさら授業を面白くする工夫をしなくても、学生たちは授業を興味を持って聴いてくれる理となる。実際に、学生たちは色々なアイデアを出してきた。

本当を言うと、教える側は、常に授業を学生の興味を引くようなものにする努力を怠ってはいけない。そして学生の方には、たとえその授業がつまらないものであっても、それを面白く受ける姿勢がなくてはならないのである。この二つの姿勢が合わさってこそ初めて、良い授業になるのである。

ここで大切な点は、面白さというものが、先生とかその授業にくっついているもの、つまり面白さは授業の属性だと考えると、外側発想になってしまう。A教授の授業はつまらないが、

B助教授の授業は面白い、というのは外側発想だ。内側発想では、そのようには考えない。「自分が授業を受ける姿勢、自分の心の持ち方しだいで、授業の面白さは変わるのだ」と考えるのが、内側発想である。

別の例として、絵画の場合を取り上げてみれば、「シャガールの絵は○○○万円、梅原龍三郎の絵は□□万円、本当を言うと自分は絵はよく分からないのだけれど、バブルで一儲けできたから、投機的に将来一番値が上がるという定評のある有名画家の絵を買っておこう」という人があるが、その考え方、その価値観はまさに外側発想と言う他はない。

そうではなく、加山又造は平山郁夫ほど知名度は高くはないようだが、自分は加山又造の絵がたまらなく好きだ。加山の絵ならば、人がなんと言おうと、市価の倍を出してでも手に入れたい、というのならば内側発想である。つまり、価値は、内側発想では絵画の付属物として客観的に決まるのではなく、自分の心によって主観的に決まるのである。

鳥は電線からなぜ落ちないか

「創造工学演習」という授業では、教える方も教わる方も結構大変だった。もちろん万年ノート的な講義はできない。その名の通りに、毎回創造的な内容でなくてはならないわけだった。ゆえに当時筆者は、何を見ても創造工学演習の出題に見えるようになっていた。「紀文食品」

という食品会社があるが、いつだったか、そこの社長さんが言われたのには、「森先生、私は夕日を見ても『かまぼこ』に見えます！」と。その時筆者は、さすがは食品会社の社長さんだと思った。創造工学演習の場合も、まあそんなものだった。

ある日、道を歩いていたら、電線に止まっている鳥に眼が行った。いつもだったら、「あ、鳥か」で済んでしまうところだったろうが、その日はその鳥が創造工学演習の出題の種に見えたのであった。

鳥が止まっている電線は揺れている。風がほとんどないおだやかな日などは、電線は遠くから見たのでは揺れてはいないように見えるが、近寄って見ると、結構揺れているものである。考えてみれば、コウモリがぶら下がっている場合は、昔の柱時計の振り子のようなもので、重心が支点（電線）よりも下にあるわけだから安定である。しかし鳥の場合は、振り子が逆立ちしている（倒立振子という）不安定な状態になっている。重心が上で支点が下。これが振り子だったら、すぐに下側へ落ちてしまう。しかし、鳥はそうではない。それればかりか、平然と歌まで歌っているではないか！

よし、これは学生の内側発想を訓練する良い問題だ！　というわけで、

「揺れる電線に止まっている鳥はなぜ落ちないか」

Ａ４レポート用紙一枚に答案を書いて来週までに提出せよ。

と宿題を出したのだった。

一週間経ってレポートが四〇枚ほど集まってきた。私は、学生たちがどんなふうに答えてくれたのか、わくわくしながら答案をめくっていったが——さすがは東京工業大学？　どれもこれも、「重心が……」「重心が……」と、物理的な外側発想の答えばかり。要するに、「電線が揺れて重心が前に残ったら鳥はシッポを動かして重心を後ろへと移動させます。後ろへ行き過ぎたら、今度は頭を動かして前へと動かします。こうして常に重心が電線の上に位置するように自動制御をしているから、揺れる電線に止まっていても、鳥は落ちないのです」。まあ、こんな内容の答案ばかりであった。

もちろん、これは間違いではない。これが機械工学とか制御工学とかの授業ならば、この答えで点が出せるが、いやしくもこの授業は「創造工学演習」ではないか。「少しは変わったことを言ったらどうだ！」と思いながらレポートをめくっていったら、真ん中辺に変わった答えのが出てきた。変わってはいたのだが、うだうだ、うだうだと、おしゃべりを書いている。この学生は頭は良いのだが、密度が低い。鳥がなぜ落ちないかというだけで、Ａ４に四枚も書いている。まずこんな出だしだった。

「またまた妙な問題が出ました。僕はこの問題が出てからこの一週間というものは、電線に止まっている鳥を探し続けました。他の授業に出ても、窓際に席を取って、早く外の電線に鳥は来ないかと待ってました。大学の行き帰りにも、電車の窓から外を眺めて電線に鳥は止まっていないかと探し続けました。だけど、ついぞこの一週間、電線に止まった鳥にはお目にかかりませんでした。先生！　果たして鳥は電線に止まるんでしょうか？」というものだった。

続いて、

「これでは、レポートが書けませんから、やむなく僕はわが家のカナリヤを観察しました。そしたら、あることを発見しました」と来た。

おう、おう、何か発見したのか！　読者の皆さんも、何もニュートンだ、アインシュタインだというような大発見でなくても、小さなことでいいから一日一発見されるとよい。たとえば、昼食の味噌汁の中から出てきたアサリの貝殻――あれ、身だけ召し上がってポイと捨てるのではなく、貝殻の模様をしげしげと観察されれば、きっと何か発見できる。あるいは、ご自身の家の階段の段数でもよい。毎日上がり下りしている階段だが、何段あるのか気付いていない方がほとんどである。われわれはこういう身近なことを案外見落としているものである。もっとも、段数など知っていても、どうってことないのではあるが……。

こういった身近なことでよいから、日々発見されることをお奨めする。それは、内側なる精神の新陳代謝にとって良いからである。生あるものの根本は「流動」である。血液でも、あるだけでは肉体は生きてはいられない。心臓が動いて、流れている必要があるわけだ。それと同じことで、精神も流れていることが大切である。

話をもどしたい。その学生は何を発見したのかというと、「うちのカナリヤは、昼間遊んでいる時は止まり木ですが、夜眠る時はブランコに乗り移るということを発見しました」というのだった。

毎日眺めている自分の家のカナリヤだが、筆者が宿題を出す前は、これといった問題意識も持たずに、ただなんとなく眺めていたので何も発見できなかったに違いない。しかし、筆者が宿題を出したことを契機に、彼は発見したのだった。

筆者は、そのカナリヤは私とは逆だと思った。私だったら、遊ぶ時は（揺れる）ブランコで、眠る時は（揺れない）止まり木である。それなのに、このカナリヤは、眠る時にわざわざ揺れる方へ乗り移る。そこで「やっぱり、空を飛ぶやつは根性が違う」とコメントを付けて返すことにした。

しかし、言うまでもなくこの答案は、筆者を満足させてくれるようなものではなかった。まあ四枚の書き賃も入れて、いいところ七〇点である。もっとましなのはないかと、さらにレポートを繰っていったら、再び重心、重心……というレポートが続いた後で、終わり近くに、非

常に素晴らしいのが出てきたのであった。それは、

「先生！　鳥が揺れる電線から落ちない理由は簡単です。それは、落ちても飛べばいいと思っているからです」

というのである。素晴らしいではないか!!　この答え。完全な内側発想である。心の問題として把握している。

たしかに、鳥には「落ちる」ということはないのである。落ちる時は死ぬ時くらいで、電線から一メートルや二メートル落ちたって、パパッと飛ぶだけで、鳥にとっては何でもないことである。おそらく鳥には「落ちる」という観念はないのであろう。——この、「観念がなくなる」「そのことについての観念が消えて、無心になる」ということは、真の専門家の資格と言ってよい。鳥は飛ぶことについてはプロだから。

筆者は感激して、一三〇点を付けた。満点は一〇〇点としてであった。

カンニングが成仏する

ところで筆者は学生たちが一所懸命勉強するようにと、ある方便を活用した。それはこうい

うことである。これは見方によっては、次章で説明する悪を善に転じる一つの応用とも言えるものである。

試験が近づいた時、学生たちに、こう宣言した。「なあ、この科目の今度の試験はカンニングをしてもいいことにする」と。

そしたら、学生たちは「ワーッ」と声を立てて喜んだのだった。教室の騒がしさが一段落したところで、「カンニングをしてもよいが、ただしそれには条件がある。その条件というのは、カンニングペーパーを答案に添えて提出してもらうということだ」と追加したのである。

カンニングOKということで、学生たちは、これは楽に受験できる、くみしやすいと思い、一所懸命にカンニングペーパー作りに励みだした。すると、そのことがとてもいい勉強になったのである。とにかく、小さな紙にびっしり書くのだから。

いよいよ試験当日。答案といっしょにカンニングペーパーを回収したが、答案なんかは採点しないで、カンニングペーパーを採点したのである。カンニングペーパーを見ると、答案などよりずっとよく分かり、あっ、この学生はここを誤解しているなとか、何時間目は休んだなとか、……。開き直って言えば、一学期間（一五週）教えたことについて、四問や五問の試験問題で判定できるものではないのである。

つまり、カンニングOKにしたことで、学生たちは勉強した。先生は正しい評価ができた。

しかも先生が許可したカンニングである。何も悪いことはない。あえて言うならば、カンニングOKという言葉面が良くないだけである。仏教では言葉というものを否定する面があるくらいだから、言葉面などにとらわれることはない。これは、見かけはカンニングでありながら、実質的にはカンニングではなく、まじめな試験の場合よりも、学生に対しては、より勉強になり、教授にとっては、より正しい評価が可能になったというハタラキが現れたわけで、こういうのをカンニングが成仏したと言うのである。

これは一例だが、このようにして、悪というものをすべて成仏させていくのも退歩なのである。

おばあさんの頭が悪いから

さて、話が遠回りしたが、実は先に述べたカナリヤの学生君についてである。彼はこのカンニングOKの試験の結果、勉強していないことが歴然としたのだった。筆者はこれは、注意しておかなければいけないと思い、彼を呼んだ。

「なあ、君は勉強していないな」

と言ったところ、頭がいい学生なので言い逃れをした。

「いや、勉強したけど頭が悪いもんで……」。

そこで筆者は、

「どうして頭が悪いんだ？」

と返した。すると、

「おふくろの頭が悪いからです」と言う。

そこで筆者は、

「なあ、今日家へ帰ったら、お母さんに、どうしてお母さんは頭が悪いのかを聞いておいで」

と、言っておいた。

さて、三日ほど経って、その学生がやって来た。

「お母さんはなんとおっしゃった？」と聞いたら、なんと、

「おばあさんの頭が悪いから」と！

そこで筆者はこう言ったのだった。

「そんなこと言っていたら、ずーっとさかのぼって、猿の頭が悪いから君の頭が悪いということになっちゃうじゃないか」と。


実は、このことには重大な問題が含まれているのである。それはこういうことである。日本語の「自分」という概念には、英語で言うSelfとEgoとの両方の概念が混在しているが、こ

のように、自分にとって都合の悪いことを遺伝のせいにする――つまり自分のせいにしないで他のせいにする――ということは、この学生のSelfが、強くないということを示しているのである。

一般的に言って――これは人間の大きな弱点なのであるが――自分にとって都合が良くないことは他のせい、都合がよいことは自分のせいにするのが、普通である。頭が悪いということは、自分にとっては都合がよくないことだから、彼はそれをお母さんのせい、つまり遺伝のせいにした。要するに他のせいにしたわけである。

だいたい、「遺伝のせい」というようなことが出てきた時は、たいてい具合が悪い場合である。たとえば、筆者は創造性開発の講師として、しばしば講演に出向いた経験があるが、講演の後で、決まって出る質問に「先生、創造性は遺伝でしょうか？」というのがあり、この質問が出ると、「そら、おいでなさった」という気がする。筆者は遺伝子やＤＮＡの専門家ではないので、その人の創造性を決める遺伝子は染色体のどの部分にある、というような外側発想的なことは、責任を持って答えることはできない（遺伝子を持ち出すのは外側発想）。しかし、内側発想については研究しているので、質問者の心理状態がよく分かるのである。そこで、「創造性は遺伝でしょうか？」と問われたら、「あなた、うまくいってないのでしょう」と問い返すと、ピシッと当たるのである。後で「どうしてそんなことが分かるのですか？」と聞かれたりしたが、「そりゃー分かりますよ。遺伝のせいなんてことが出てくる場合は、ろくなことはありませんから」というわけであった。

読者も、試験で一〇〇点を取ったときに、「これは遺伝のせいだ」と思われるだろうか？もしもそのように思うことができる方は、立派な方である。たいていは自分の頭がいいからだ、あるいは頭はよくないとしても自分が努力したからだというように、「自分のせい」というものが頭をもたげてくるものである。そのくせ、四〇点しか取れなかった場合には「遺伝かなー」という気になるのである。

本当は、どちらかのせいに徹底すればよいのである。つまり、自分のせいにするのならば、一〇〇点取っても自分のせい、四〇点しか取れなくても自分のせい。あるいは逆に、遺伝のせいでいくのならば、四〇点の時も遺伝のせい、一〇〇点の場合でも遺伝のせいにする。つまり、自力にするのならば、徹底してすべてを自力にする。他力にするのならば、一切を他力にするのがよい。

この二つの態度は、徹底すれば結局は同じことになるのである（柳宗悦『南無阿弥陀仏』岩波文庫、「自力と他力」の章参照）。それは徹底して西へ行けば、東へ出るようなものである。事柄は徹底させれば逆のところへ到達する。筆者は、鈴木大拙の『無心ということ』（角川文庫）を読んだとき、引用したい箇所に、しおり（付箋）を入れていったが、読み終わったらなんと全ページにしおりが入ってしまっていた。これでは、しおりを入れないのと同じことである。しおりは、他のページと区別して、特別にそのページだけを選び出すためのものだからである。——このように、事柄の構造は丸いのである。

本当はこういうことなのだが、処世訓としては、普通とは逆に、都合の悪いことは自分のせい、都合がいいことは人のせいにすれば世の中円満にゆくのである。しかしこれは至難の業である。一人者だったら、いくらか実行しやすいだろうが、家族を抱えた身とか、組織を代表した立場とか、ましてや一国の全権を担って国際折衝に臨む立場となると、全く容易ではないと思われる。しかしそこを乗り越えて行かなければ、未来に希望はないことになるのである。

内側の状態で聞こえ方は大違い

ここまで述べてきたような、「外側発想」と「内側発想」とは、開き直って哲学用語を使えば、それぞれ「存在論的」と「認識論的」ということになるのである。「外界でのありようがそうだから、そう受け取る」というのが前者であり、「自分の心の状態がそうだから、このように受け取る」というのが後者である。前者が「進歩」であり、後者が「退歩」だと言えるのである。

こんな古歌がある（ただし昔の歌のこととて、女中という現代の禁句が入ってはいる。たとえば、多川俊映『唯識十章』春秋社、七頁）。

手をうてば鯉は餌と聞き鳥は逃げ女中は茶と聞く猿沢池

ただ「ポンポン」と手をたたいただけなのだから、客観的に見ればそれだけの音波が発生しただけのことと言える。そこで外側発想ならば、誰でもその音を同様に受け取ると思いがちだが、現実はそうではなく、鯉は「これは餌にありつけるぞ」というわけで、音がした岸辺に近づいてくる。ところがそれとは正反対に、鳥は「危ない！」と危険を感じて逃げてゆくし、猿沢の池のほとりにある茶店ないしは旅館の従業員は、お客がお茶を欲しがっているのだと判断するというわけである。それまでの体験に基づいた心のありようで、三者三様の全く違った受け取り方をするのである。この違いは、ひとえに認識論的、すなわち内側発想の違いによるのである。

さらに参考のために、外側発想（進歩）と内側発想（退歩）の比較例を示す。今日は、ほとんどが、外側発想つまり進歩一辺倒になっていると筆者は思っている。

左の表1の2の「なる」と「する」はたとえばこういうことである。しばしば「〇〇年後にはどうなるでしょうか？」という質問が発せられるが、偉人はそうは思わない。たとえばわが

表1　外側発想（進歩）と内側発想（退歩）

	〔外側発想〕	〔内側発想〕
1	見える	見る
2	なる	する
3	やらされる	やる
4	なっちゃった	しちゃった
5	落ちちゃった	落としちゃった
6	お前がこんな所に置いたからだ！	私が不注意でさわったからです
7	重心が外れないから落ちない	落ちても飛べばいいから落ちない

国初のノーベル賞受賞者、湯川秀樹博士は、「先見・予見力とは宣言力である。それは未来への果敢な挑戦である」と言っておられるが、これが「なる」ではなく「する」（未来をこうするのだ）という内側発想なのである。

また3の外側発想の「(人に) やらされる」を「(自分が) やる」と内側発想に一八〇度発想転換すると、「せねばならぬ」という義務感とか責任感が付着した苦しい状態が、一挙にして「ああやりたい、よしやろう」という魅惑と自発とが折り重なった解放感に満ちた快い状態に転じるのである。これを「仕事から遊びへの転換」と言う。ちなみに、遊びの本来の意味は主体性を持ってことを行なうということであって、ゴルフやパチンコは遊びで会社勤めは仕事だというような観念ではない。これも完全な内側発想だが、「やらされるという気持ちのない状態が、何をしていてもすべて遊び」なのである。考えてみれば、ゴルフでもパチンコでも仕事になってしまっている人が結構多い。

5と6の意味はこうである。人間の我《が》は非常に強力なので、自分では、自分と他人に公平にしているつもりでも、第三者から（客観的に）見ると、良いことは自分のせい、悪いことは人のせいに傾いてしまっているものである。

たとえば、食卓の端に、たまたまガラスのコップがあり、自分の体がそれにさわり、コップが落ちて割れてしまったとしよう。このことは悪いことである。その時「誰だ、こんなところにコップを置いたのは！　落ちてしまったじゃないか！」と言えば、コップが落ちて割れたのを人のせいにしているわけで、それは外側発想である。しかし「ごめんなさい、僕が不注意で、うっかりさわってしまったもので」と言えば、自分のせいになっているので内側発想である。ゆえに、（主観的には）「良いことが起きたらそれは他人のせいにし、悪いことが起きたら自分のせいにする」くらいのつもりで、（客観的に）公平になると言えるのである。

悪いことを自分のせいにするには、普通勇気がいる。それは我《が》があるからで、仏教の修行をして我が抜けてくるにつれ、勇気など起こさなくても、すんなりと自分のせいにすることができるようになるものである。こういった内側発想を身に付けるには、修行が必要である。

「待ち遠しい」というのは内側発想

以上の例で、内側発想なるものとはどういうものかがお分かり頂けたであろう。さらに非常に身近な例を挙げれば、「待ち遠しい」というのがある。これは対象とした人や物がなかなか現れないときの気持ちを言い、そのときには時計の針の動きが非常に遅く感じられるものである。つまり感覚として時間の経つのが非常に遅いのである。待ち遠しいときの一時間は半日にも思うものである。

逆に、物事に熱中しているときには、アッという間に時間が経過する。「えっ、もうこんなに時間が経っちゃったのか！」と自分でも驚くくらいで、一時間が五分間くらいにしか感じられない。

時計が刻む同じ一時間なのに、待ち遠しいときと、熱中しているときでは半日と五分間という極端な開きが出てくる。これを専門用語では主観時間という。これに対し、時計が刻む時間を客観時間という。われわれはこの主観時間を、たんなる錯覚と勘違いしてはならない。軽く見てはならない。主観時間は認識論的な内側発想（退歩姿勢）では重要な位置を占めるからである。

深遠な話になるが、道元禅師は、その著、『正法眼蔵《しょうぼうげんぞう》』の「有時《うじ》」の巻で、時間は世界であり自己であると書かれている。ゆえに自分が迷うと世界が迷うとの趣旨を述べられ、凡人は自己があるから経験すると思っているようだが、本当は経験するから自己というものが出てくるのだ、と教えられている。

病を楽しむ

仏教の修行は精神の練り上げであるとも言うことができる。練り上げると強靭《きょうじん》なものになる。その一例が、「病を楽しむ」という教えである。

事実でもあり常識でもあるのだが、病は苦しい。痛いとか、だるいとか、高熱だとか、眠れないなどだけでなく、明日はもっと悪化しないか、手術はいやだ、医療費がかさむ、家族に迷惑をかける、さらには、もう治らないのではないか……と、付随的な心労まで加わって、言うまでもなく病気は実にいやなものである。

しかしそのいやな病気を、心の持ち方によって少しでも和らげようとするのが、「病を楽しむ」という内側発想的な姿勢である。

たとえば熱が出たとする。そのいやな熱を明日は何度になるか予想するのである。翌日になって的中すれば、いくらか楽しい。下がってくればもっと楽しい。

筆者は何回も手術を体験した。あるときは硬膜下血腫《こうまくかけつしゅ》といって、頭を強打したことが原因となって、脳の「硬膜」と「くも膜」の間に出血して血液が溜まる一種の怪我をした。またあるときは声帯ポリープができて、全身麻酔下で切り取ってもらった。またあるときは心臓の血管にカテーテルを入れて、冠動脈の詰まり具合をしらべてもらった。

そんなときの筆者の手術の楽しみ方はこうである。台車付きのベッドに乗せられて手術室へ向かうわけだが、看護師さんが手術室の入口で病室係から手術室係へと交代する。「私がこれから、あなたの手術を手伝わせて頂きます」と挨拶を受けるのだが、そのとき、まず手術室係の看護師さんは美人だなーと感心することである。これまで四回ほど手術を受けたが、どの看護師さんも、それぞれ個性は違っても例外なく美人だった。つまり、これから体をメスで切られるぞ、というときに、美人鑑賞をするだけの心の余裕を持つのである。

その美人にベッドを押してもらって手術室に入る。するとそこには筆者が魅力を感じる最新鋭のエレクトロニクス機器がびっしり並んでいて、筆者は興味津々となり、心はわくわくしてくる。筆者はメカトロニクスを専門とするからである。ある意味で全身麻酔のときはつまらない。全く無意識の世界へ落ち込んでしまうからである。しかし硬膜下血腫で頭蓋骨に穴を開けるときは局部麻酔だったから、執刀者の医師と手術中に話ができた。頭に穴を開けた状態で話をするということは、一種の痛快ささえ覚えた。事柄がよく分かって納得もでき、張り合いもあった。……ま、こんな手術の楽しみ方である。

こんな苦しい病気の時に、それを楽しむ工夫などしていられるか！　とお叱りを受けそうだが、言いたいことは、その緊迫し悲壮な中での心の持ち方、余裕なのである。

これなども内側発想の大切な例だと思う。誤解されてはいけないのだが、病を楽しむということは、病気を治さなくてよいということではない。もしそうだとしたら、その考え方は二見に堕していることになる。同じ治るにしても、楽しみながら治る方が良いに決まっているし、おそらく、その方が早く治癒すると思うからである。

以上で内側発想というものが、どのようなものかがお分かりになったであろう。次章では、話が回り道になるように見えはするが、「三性の理」という、非常に深く穿《うが》った善悪論について詳しく解説したい。善のためには、いかに心というものが大切であるかを、したがって「退歩」ということの重要性を、認識して頂くことができると思われるからである。

第四章　仏教が説く善・悪

はじめに

ここでは「三性《さんしょう》の理」という、仏教が説く奥深い善悪論について徹底的に詳しく説明したい。読者にはこの解説を通して、心をコントロールし、清めることがどんなに大切なことであるかを再認識して頂きたい。どんなに善いことであっても、悪い心の持ち主の手にかかれば、それは悪に転じてしまうからである。しかもそのとき、善性が強ければ強いだけ、悪に転じたときには悪性が強く発現してしまうのである。本当に善を望むのならば、退歩して心を清める以外に方法はないことがお分かり頂けるだろう。

なお、三性は今日的な発音としてはサンセイであろうが、仏教ではサンショウと読むことになっている。(ただし、一口に三性の理といっても二種類あり、一つはこれから述べようとするもので、詳しくは「価値についての三性の理」という。他の一つは「認識についての三性の理」で、唯識《ゆいしき》論という仏教の一分野で説かれているものだが、それに関しては別の解説にゆずりたい。)

またこの「三性の理」は非常に重要なものでもあり、筆者はこれによって仏教に導き入れられた縁もあるので、これまでにものしたいくつかの拙著の中でも簡単には説いてきた。しかし以下に述べようとするものが、すべての拙著の中ではもっとも詳しいものになる。ゆえに既刊の拙著のいくつかを手にされた読者にとっては、またか、という気を起こされる方もあろうが、以下はそれらよりも詳しい解説なので、その点ご了承をお願いしておきたい。

さて、「価値についての三性の理」の三性とは、「善・無記《むき》・悪」の三つのことであるが、読者のほとんどは、この三性の理に接するのは初めてではなかろうか。そこで最初の注意であるが、この理は安易な気持ちで読まれると、おそらく、とまどいを感じられたり、場合によっては誤解さえ生じる可能性もあるので、心して頂きたい。

三性の理は、常識的な知識レベルのものではない。これは善だ、これは悪だといった社会通念的固定的な前提を何も持ち込まないで、一旦頭を白紙にもどし、一切の感情を殺して冷静に、善悪とは本当はどういうことなのかを、透徹した頭脳で徹底的に掘り下げることによって、初めて到達し得る真理である。つまり、小学校以来身に付けてきた善悪の考え方よりも次元の高い善悪思想のゆえに、はじめはとまどいが出るのも当然かもしれない。しかし疑念を抱かれることは禁物である。

より高次の考えを身に付けるには、頭の切り替えが必須であり、この切り替えができれば、上等の善悪観が身に付くのである。筆者はこれによって、ずいぶん救われ、また、ものの見方も深めることができた。筆者にとっては、三性の理は仏教から与えられた大きな功徳の一つである。

そこでまず読者にお願いしたい。数分間でよろしいから静かに深呼吸するなり、坐禅をされ

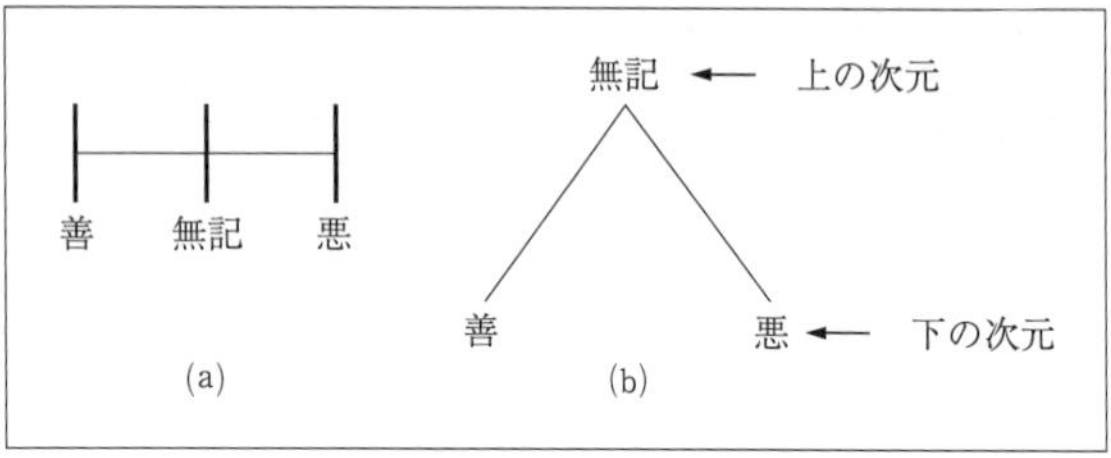

図６　直線志向(a)と三角志向(b)

るなりして、一切の先入観を捨て、心を白紙にもどし、冷静な頭で以下をお読み頂きたいと。

無記

「無記」とは、善悪という価値観念を超えた観点からの呼び名のことである。

この記とは、○や×を付ける、つまり記入するということで、したがって無記とは、これは良いから○、これはだめだから×、という評価がないわけで、すなわち価値を超えたという意味の言葉である。

まずここで大事な点は、無記を位置付ける思考構造、すなわち「善・悪」と「無記」との関係のあり方にある。

たとえば、無記とは善と悪との中間、つまり半分善で半分悪とかというふうに把握されると、以下の説明は全く理解不能に陥ってしまう。そのように思考すると図６の(a)のように、線分の左端に善が、右端に悪があり、中間に無記が位置するという、善・無記・悪が同列の直線的な図式ができ上がってしまう。すると無記とは、図が示すように（善＋悪）÷2という、半分善で半分悪ということになってしまうが、もちろんそのようなものではない。

無記は、図6の(b)のように三角形的な位置付けとして把握すべきである。すなわち、善・無記・悪の三つは(a)のように同じ次元の上に同列に並ぶのではなく、(b)のように、善と悪とは下の次元に同列に並ぶのだが、無記は善悪とは次元を異にした、上の次元に位置するのである。無記は住む世界が善悪とは違うのである。

ゆえに、下の次元の世界には善悪という観念があるが、上の次元の世界には善悪の観念はない。上の次元の世界は非善非悪、つまり善も超え悪も超えた世界というふうに考えるのである（非は、not ではなく、「超える」というふうに解釈してほしい）。このことは以下の解説を読み進まれるにつれて、しだいに納得が行くであろう。

ここで次元の向上ということに言及しておきたい。直線は一次元、平面は二次元、立体は三次元の存在だということはいうまでもないが、たとえば、車幅いっぱいの狭い一本道（一次元）の両方向から車が来たとしよう。当然、すれ違うことはできないわけである。そこですれ違えるようにするには、道幅を広げればよい。つまり線を面にするのである。すなわち一次元を二次元に次元アップすることによって、問題は解決できる。さらに平面交差（二次元）で渋滞した場合には、立体交差（三次元）にすれば解消する。つまり次元を上げれば解決できるのである。

このような次元の向上、すなわち、図6(b)の図式（前章の図4、図5も同様）で表される思考構造（二元性一元論という）が仏教思想の一大特徴なのである。

この思考は、図の(b)の三角形のように、下の次元に、正反対の二つの概念（この場合は、善と悪）が並び、上の次元には概念が一つ（この場合は無記）が位置するということから、筆者は「二・一思考」とも呼んでいる。同時にこれは、二一世紀には必要不可欠な考え方であるということをも暗示している。退歩ということの理論的な要でもある。

説教強盗

かつて、説教強盗というのがいた(*)。戸締まりのよくない家に押し入っては、「おまえのところはこうこうこういうふうに戸締まりがルーズだ。だからおれが入ってこられたのだ」と説教をしてから、物を盗んで引き揚げるという、人を食ったたけしからぬ奴であった。それはやがて捕まって監獄にぶち込まれたが、服役中に心を入れ換え、出獄後、他を以ては代えがたい、彼に最適の善なる職業に就いた。

その職業は、なんと防犯協会顧問だった。彼は一軒一軒、自分がやった手口を説明してまわり、戸締まりを指導して防犯の実を上げたという。考えてみれば、戸締まりについてはこれ以上の先生はいないわけだ。経験は強い。警察の防犯の専門家よりも強盗の手口については詳しく、実地体験からにじみ出た微に入り細にわたった指導ができた。

＊一九八九年一〇月一八日（水）の『毎日新聞』夕刊一三面にこんな記事が載っていた。

説教強盗、87歳ひっそり死亡

強盗に入った家で防犯強化の説教をする「説教強盗」で知られた妻木松吉さん（八七）が今年一月二十九日、東京都八王子市の西八王子病院で死亡していることがわかった。「説教強盗」は大正十五年から昭和四年までの四年間、中野、新宿など都内に出没。金や貯金通帳などを脅し取ってしまうと、タバコを吸いながら「犬をお飼いなさい。強盗に入られぬように。寝るときには電気を消してお休みなさい。電気がついていると強盗が入りやすいから……」などと説教したため有名になり、ニセモノまで登場した。

昭和四年二月、米屋に残した指紋をきっかけに逮捕され、無期懲役刑に。二十二年十二月、仮釈放で秋田刑務所を出所。その後は宗教団体や社会事業団体に招かれて講演したり、浅草のロック座にゲストとして特別出演するなど引っ張りだこになった。

晩年は生活保護を受けながら新宿区内のアパートで一人暮らし。数年前から老人性痴ほう症が進んで二年前に同病院に入院。今年に入り気管支肺炎が悪化した。三人の子供は離縁し、身寄りがなかった。

転じる

彼は、前歴からすれば、常識ではその仕事に就く資格がない防犯協会顧問になり、悪人が善人に逆転して、善行をするようになったわけだが、まずは、この逆転した（以下たんに転じた、と言う）という点に第一の重要なポイントがある。

悪人は常に悪人ではない。俗世間では一度悪人のレッテルを貼られてしまうとその悪人は永久に悪人とされてしまうのだが、真実はそうではない。物事は固定的ではなく動的なのである。悪人は善人に変わり得る。

注目すべきことは、彼の悪人から善人への逆転に際して、変えたものについてである。いったい彼は何を変えたのだろうか。それは戸締まりについての豊富な知識ではない。戸締まりの知識を捨てたのではなく、その知識はそのまま保持しながら、変えたのはそれを使う方向だったのである。もしも強盗時代に得た戸締まりの知識を捨ててしまったとしたならば、防犯の指導はできなくなってしまったではないか。

キーポイントは彼の心の転換にこそあったわけである。大切な点は、戸締まりについての知識の深浅多少ではなく、心の入れ換えなのである。物事の使い方は人の心しだいだから、心を入れ換えることによって、強盗という悪から防犯という善へと、戸締まり知識の使い方が一八〇度の大転換をしたのである。

ゆえに読者はここで、「戸締まりに詳しい」ということは、悪にもなり善にもなることが理解できたであろう。

この、悪にもなり善にもなることができるもの――この場合は「戸締まりに詳しい」ということ――それは善悪以前のものだから、善でもなく、また悪でもないわけで、それを「無記」というのである。

これで、読者は前掲の図6(b)の構造と、その中での無記というものの位置付けがお分かりになったことと思う。

「無記」とは、善でも悪でもない、善悪以前のもの

この「無記」というものを、われわれ人間が扱うとき、扱い方に応じて善になったり、悪になったりするのである。

一般に、扱い方は人の心がコントロールする。だから、心が乱れておれば、無記を悪作用す

るように扱ってしまう。心の制御がきちんとできて、心が整っていれば、無記を善となるように扱うことができるのである。彼は「戸締まりに詳しい」という無記を、心が乱れているときには悪用し、改心してからは善用したということだったのである。一つの無記なる本性が、心の持ち方に応じて、強盗と防犯という二つの正反対の方向に分かれたのであった。

無記と善・悪と、心とのこのような関係を、とくと味わってほしい。肝心な点は、心のあり方に応じて、善の方向への門戸を開いて無記をそちらに向かわせるか、悪の道へと向かわせるかが分かれるということである。

ところが、普通には、心の点を抜きにして考え、戸締まりに詳しいということは恐ろしいことだ、危険なことだと把握されてしまう。上記からすれば、当然この見方は、洞察が効いていない錯覚である。それを扱う人間の心の状態（内側）とは無関係に、これは良いことだ、あれは悪いものだと、（外側で）決まっているとだけ見るのは、いかにも倫理道徳的な結構な分別のようではあるが、不十分な狭い見方である。このような認識からは、それに続く思考判断がどんなに正しいとしても、間違った結論しか得られない。

除去するのではない

三性の理の要点は以上であるが、それを別の角度からさらに深く考察してみると、善化は、悪い部分を切り取って捨てるのではないということが分かってくる。

普通ならば、悪人を善人に変えるに際しては、彼の悪い部分を取り除くという発想になる。すなわち、悪い部分は切り取って伸ばさないようにし、良い性質だけを育てようとするのが常識的な考えであろう。善化とは外科手術のように悪い部分を切除することだと思っておられる向きが少なくないのではなかろうか。

しかし上記の話では、彼の個性を矯《た》めて押さえ込んだり、除去したりしたわけではない。彼の個性は強盗時代と防犯協会時代とで、なんら変わってはいないのである。この場合彼の個性とは、「戸締まりに詳しい」ということであり、しかもその個性が防犯に活用できたわけであった。個性が全機《ぜんき》したのである。ここが極めて重要な点である。（全機とは、持てる機能（ハタラキ）を余すところなく発揮することを言う禅語である。簡潔に深い意味を表した素晴らしい言葉であるから、われわれ在家でも活用したい。）

三性の理に基づいて洞察の眼を開いて頂きたいポイントは、切除ではなく、転じるということの深い意味についてである。

善に転じるという行為の奥には、人為を超えた大自然の力によって作られたものというか、あるいは天賦のものとでもいうか、神の顕現というべきか――そういったものを尊重するという姿勢が秘められている。この現象界に出現したもの一切は、なんらかの意味を持ってわれわ

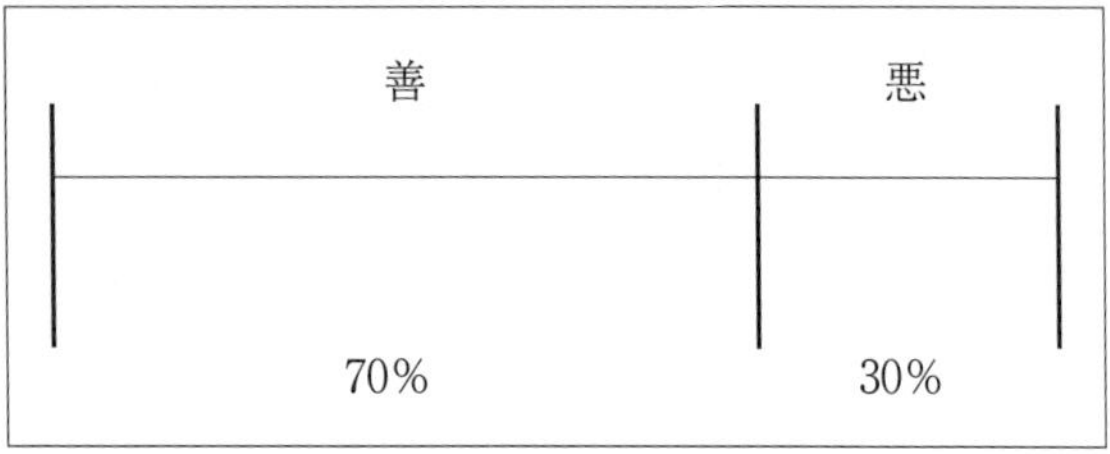

図7

れの前に現れてきているのである。悪の奥処にある無記なるものを、たんにその場の判断だけで気に入らないからとして、むげに捨て去るのではなく、天賦のものと観て、なんとか活かそうとする態度、これが則天去私の自由自在な姿勢である。後述の「一、怒らない修練」（一〇九頁）の摂取不《せつしゅふ》捨《しゃ》でもある。万事が全機し調和する方向への道である。心の豊かさの糧でもある。

全機するということは、一〇〇％すべてのハタラキ（機、機能）を現すことゆえ、たとえば善が七〇％、悪が三〇％としたとき（図7）、その三〇％の悪を切り捨てたのでは、残りは七〇％で全機には至らない。一〇〇％のハタラキというからには、悪というものも無記に立ち返らせて、それを善に転じなければ一〇〇％ということは実現できるものではない。

およそ善悪は、その場の自分にとって都合のよいことが善とされ、気に入らないものが悪とされる傾向が強い。深い洞察と冷静な慈愛の眼を開くには、一度そういう思いを捨てる必要がある。

このような無記の発見は、西洋哲学には見られない仏教哲学の特長であって、人類の知恵の歴史の上で特筆すべきことである。無記が示す意味は深い。（発見――この言葉を味わってほしい。発明ではなく発見なのである。発見と言うからには、人間がでっち上げたものではないという意味がある。ゆえにそのような人為を超えたものには、必ず行き詰まりを解決するヒントが隠されている。）

なお、後述するが、ここで大切な注意事項に触れておきたい。それは悪が善に転じるのならば、逆に、善も悪への転落の可能性を持っているということである。心を許した途端に善は悪に転じるので、善というものは細心の注意を持って実行すべきものと熟考させられる。

例題いくつか

次の表2をじっくりと味わってほしい。1はすでに説明した。

2の、汚すと、書くとの両方に同じ面を見つけると、それは「白紙に黒い跡を付けること」となる（もちろん、黒い紙に白い跡でも、金属に跡でも同じこと）。その付いた跡が、気に入った場合が書いたということになる。付いた跡が都合の悪い時には、汚したという言葉で言い表されている。書けないものは汚せないが、それは墨や塗料が乗らないからである。逆に汚すことができるのならば、書くことができるという理である。

してみれば、気に入るとか、都合が悪いとかといった人間の心を抜き去ってしまえば、そこにはただ、跡が付いたというだけのことが存在していることになる。人間は、書いたの汚したのと正反対の概念を当てはめて見ているが、ネコが見れば同じなわけだ。筆者が一所懸命に書いた習字の上に、うっかり墨をこぼしてくやしがっていても、ネコが見れば、おそらく「白いところに黒い跡があるニャー」というだけのことだろう。これが2の場合の無記である。

自分の気に入るように、跡を付けるには、腕の制御が必要である。つまり筆を持った手を思うように動かせなくてはならない。要するに練習である。同時に、余計な跡を付けないようにしなければいけない。つまり注意することだ。こうすれば書くという善が出現する。練習もせず、注意も怠れば、汚すという悪が現れる。このことが、表2の右側の「無記を善に活かす制御」の列に挙げてある。

無記を善として活かすための要点は制御にあるのである。

二〇一一年三月一一日に発生した東日本大震災が端緒となって発生した、東京電力福島第一原子力発電所の未曾有の大惨事は、まさに原子炉の制御が外れたことによったのである。後述するように原子力は力が強いだけに、悪に転じた後の悪作用もはかりしれない。

4に関して言えば、たとえば太さ数ミリメートルの鉄棒が真っ直ぐの状態から直角に曲がっ

表2 「三性の理」

	悪	無記	善	無記を善に活かす制御
1	強盗	戸締りに精通	防犯	心の制御
2	汚す	跡を付ける	書く	注意と練習
3	走る凶器	自動車	救急車	注意と運転技術
4	壊す	変化させる	作る	希望通りに変える
5	怠惰の温床	温和な環境	疲労回復	環境の享受を誤らない
6	火災	火	煮炊き消毒	火の用心
7	毒	化学物質	薬	飲み方の制御
8	腐敗	微生物作用	発酵	微生物の選択
9	下手な斉唱	歌詞がずれる	上手な輪唱	演奏技術は制御技術
10	下手な輪唱	歌詞が揃う	上手な斉唱	〃
11	磁石が狂う	磁気の残留	録音・録画	必要な所で発生させる
12	スリップ事故	滑る	潤滑	〃
13	景色が歪む	ゆがんだガラス	レンズ	ゆがませ方を制御する
14	眼が傷つく	眼中の異物	コンタクトレンズ	異物の材質形状の制御
15	ドス	先のとがった鉄のへら	メス	執刀者の心と腕の制御
16	けち	少しだけ使う	節約	心の持ち方（主体性）
17	破壊	爆発	エンジン	安全に爆発させる
18	殺人	手	生活に必需	心の制御
19	ごみ	粉体	資源	活かす
20	戦い	正義感	平和	心の制御
21	矛盾	超合理	協調・調和	心の制御

た（変化した）としよう。それは壊れたのであろうか、はたまた作って出来たのであろうか。それは、鉄棒が大切な機械の回転部分の軸であったりしたような場合ならば、壊れたことになるだろうし、何かフックのような、物をひっかける金具を製作しているときならば、出来たということである。

ゆえに外側には、客観的に鉄棒が曲がったという無記なる変化が存在するだけのことであるのに、それに、こうあってほしくないとか、こうしたいというような人間の心が掛け算されて、時に壊れたと呼ばれ、また別の時には出来たと言われるのである。

ここで、頭をよーく澄ませ、一切の先入観を払い、根本的に熟考してほしい。すれば、次のことに気が付くはずである。

作ると壊すとは、着眼点の相違であって、現象の相違ではない。

表の7は、図8のような関係を表している（これはすでに述べてきた「二・一思考」である）。薬には薬性と毒性が融合していると見るのである。あるいは薬は薬であると同時に毒である、と言ってもよいであろう。

薬は薬であって毒ではない、毒は毒であって薬ではないという二つに分かれた二元論的な見方が、かつての薬害公害を招いた。薬は薬であって毒ではないという考えは、アクセルだけで車を走らせるようなもの。薬だから、飲めば飲むほど体によいとして飲んだあげくは、副作用（毒作用）で大事《おおごと》になってしまったわけだ。二見への堕落であった。

　だから、図8のように、二・一思考的に（二元性一元論的に）薬の中に毒性があると見なければ安全ではないのである。薬は毒、毒は薬。毒を制御して飲んだときが薬、制御を外して薬をめちゃめちゃに飲んだときが毒。これが高次元の知恵である。

　わが家の庭に大きな柿の木がある。かつて台所の改築をしたときに、撤去した古いガスレンジをしばらくその木の根本に置いておいた。もともと、さびが来ていたレンジだったが、風雨にさらされて、さびはにわかに顕著になってきた。その頃秋も終わりに近づき、柿の実は赤く熟してきていた。

　私は、熟した柿の実とその下にあるさびたガスレンジとを見くらべてしみじみと思った。一方は熟し、他方は朽ちて行く。熟すというのは人間の好みに合う方向であるが、朽ちるのはそれとは反対方向である。だが、クールに考えてみれば、どちらも化学変化という点では同じ

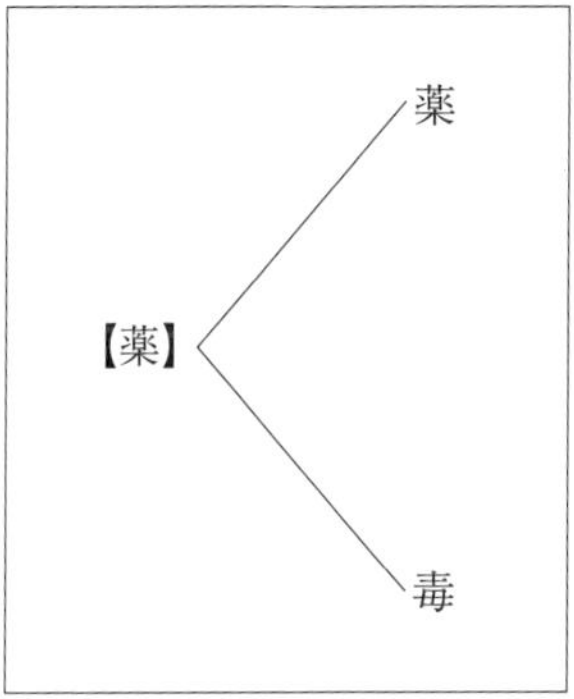

図8　薬は毒でもある

ではないのか。そこに人間の価値観が介入してくるから、同じ一つのものが正反対の二つに分かれて見えだすのであると。

表の8の腐敗と発酵はさらに適例であろう。微生物による反応という意味では全く同じで、反応の結果が香りが良く栄養もある場合が発酵、臭気鼻を突き毒ができたときが腐敗である。

9、10を見れば、歌がずれることは悪いことだ、歌が揃うことは良いことだ、というふうに決めてかかることは間違いであることが分かる。要は時と場合によるということだ。

典型例はドスとメス

飛んで15のドスとメスは、三性の理を端的に表している。表のすべての行の代表としてよい。

ドスといえば日本刀の孫のような形をしているし、メスは西洋ナイフといった形状である。だがここでは、そういった外形には着目せずに、本質を洞察してみよう。執刀者(もっとも、ドスの場合はこのようには言わないが)の心という内面的なものを抜きにすれば、外側にはただ、先のとがった鉄のへらが存在しているだけとなる。それは善でも悪でもない無記の存在である。それを人間が人を殺害しようとして使うとドスになる。人を助けようとして使えばメスになる。こういうことなのである。

　このように、無記（先のとがった鉄のへら）という一つのものに、善（メス）と悪（ドス）という二つの正反対の言葉が付いているのが真相である。しかし、そのことが明瞭に理解できず、その二つを全く別のものと勘違いしているところから、事柄が間違っていく。表2のどの行を見ても、このことはうなずけよう。表の4で言えば、「変化させる」という一つのことに、「作る」と「壊す」という正反対の呼び名が二つ付いているということなのである。前述の「作ると壊すとは、着眼点の相違であって、現象の相違ではない」ということは、このことの別の表現である。

　一つのものに二つの正反対の名前が付いているのである。
　このことを明瞭に理解することが大切。

　ところが、心を抜きにして原因は客体側にあるとする外側発想になるのが、われわれ人間の傾向だから、善とか悪といった価値は外側の事物に付着していると思いがちである。つまり善悪は客体の属性だと、ほとんどの人は信じ込んでしまっている。だから、こわいドスだけをなくすれば安全になると早合点して、外見が日本式の短刀の製造と販売を禁止しようという発想になる。すなわち、凶悪事件が発生した→ドスの製造・販売を禁止せよ、という類の、効果が上がらない改革パターンがなんと多いことか。

たとえば、二〇〇一年一月七日の『毎日新聞』記事に、仙台市泉区の北陵クリニックの准看護師が、医師に無断で点滴剤に筋弛緩剤を混入して、何人もの入院患者に点滴を行ない死亡させたという事件が報道された。

そこですぐ問題になったのは管理の甘さで、その殺人未遂事件を受けて、厚生労働省は一一日全国の都道府県・政令都市などに、病院・診療所での毒薬、劇薬の管理徹底を指導するよう通知を出した。通知では、病院長など医療機関の管理者が、医師や看護師などへの監督を強化することも求めた（一二日同新聞）。

ここのところが大きな問題なのである。本当の解決のためには、管理監督の徹底ではなく、心の整備の徹底でなくてはならない。役所というのは管理監督だの指揮命令だのという発想に硬直しているところであって、心を整備せよというような通達は出さないものである。筋弛緩剤や劇薬は鍵をかけて保管せよという類の指導ばかりである。真剣になって心の問題を行政に取り入れようとはしていない。

善悪は客体の属性でなく、心（主体）が作り出すものという「三性の理」の理解が必須である。ドスさえ消してしまえば危険はなくなるというわけではない。（といって、どのような客体を作ってもよいということではない。メーカーは善なる客体、悪い心を抑え良い心を起こさせるような物を作るべきではある。上記で、自動車は無記の存在であると言ったが、暴走したくなるような自動車もあれば、おだやかな運転をする心を助長するような車もある。）

事実、ドスをなくしてもメスは残っている。すると、残念なことに、広い世の中には、メスを盗みだし、それを使って「おいこら、金を出せ！」と強盗をはたらく心の乱れた人が現れてくる。だから、善悪の大本としての心を整えることを人々に奨励することをせずに、悪として現れた客体だけをなくそうとしても、悪の防止は無理なのである。心が整っていない人が存在するままにしておいて、悪を断ち切ろうとするのならば、世の中から一切の先のとがった金属のへらをなくしてしまうしかない。つまり無記をなくするしかない。しかし、そうすれば一見安全に見えはするが、盲腸炎にかかったら最後である。メスもないわけだから助からない。悪の防止のおかげで善さえもが不可能になってしまう。これでは困る。だから、どうしても心の整備は不可欠という結論になる。

心を抜きにして、絶対に悪ができないようになっていると善もできない。それは無記のハタラキができなくなっているからである。

心の整っていない人の手にかかると、上述したように、人を救うためのメスは人を殺すドスに「転じる」のである。「生きた人間の肉を切って血が出る」というハタラキが悪として作用するようになってしまう。このように善は悪に転じる可能性があるのである。（仏教はハタラキに重点を置く。本質的なのは名前や外見ではなくハタラキだからである。たとえ辞令が出ていても、名刺に刷ってあっても、部長としてのハタラキのない人は部長ではない。このゆえにカタカナで示す。）

心を抜きにして、善はあくまでも善ではない。また同じことを裏の表現をすれば、心が整えば悪になるべきものであっても善に転化できるということである。メスがなくても、ドスさえあれば、それを使って応急の手術はできる。この場合は、ドスがメスに「転じた」ことになる。

話はそれるが、榮久《えく》庵憲司《あんけんじ》著の『道具論』（鹿島出版会、二〇〇〇年）の第五章、九九頁以降にこんな記述がある。

人の手からの道具離れ。これは日本では第二次大戦後に起こった、非常に大きな出来事だと思う。ことに、工作の原点である刃物が疎外された、刃物離れが、問題である。刃物には、刃物の思想、主義、イデオロギーというものがあるらしい。

敗戦後の日本の底流として、反戦の気分がある。それはそれで大事なことだろう。しかし、それが反戦アレルギーと化している面がある。

一九六〇年、社会党書記長・浅沼稲次郎が、公衆の面前、演説の壇上で、刀剣によって刺殺された事件があった。犯人は一七歳、未成年であった。この事件がその後の日本の、刃物アレルギーの発端となった。

戦争＝暴力、暴力＝刃物、そういう短絡があった。

再軍備のさなかの、当時の社会党は反戦運動の主力であった。そこへ右翼が刃物で暴力行使をした。そこで刃物が敵視されることになった。ここで、反戦ムードは刃物アレルギーと結びつき、犯人が未成年であったことから、「子どもに刃物を持たせない」運動へと収斂《しゅうれん》していく。

人間の、思想の問題が道具に責任転嫁されるというナンセンスの見本である。

子どもに刃物を持たせれば、そこから刃物を武器とする戦争容認の心が生まれる、というのである。論理としてはまことにナンセンスながら、現実に起こったことは日教組を中心とする刃物追放運動であった。当時の風潮では、子どもから「凶器」になりうる刃物を遠ざけることが正義となった。文具メーカーはこのときとばかり電動鉛筆削りの大広告を打った。刃物は、使い方によって利器にもなれば凶器にもなる。戦後、最初に公衆の面前に刃物が凶器として現れたのが浅沼事件だったこともあるが、道具に対する基本的な誤りをはらんだ刃物追放運動が澎湃《ほうはい》として起こったのであった。

刃物は道具の元祖のひとつであり、原道具といってよい。刃物の使用を否定したら、人類はやっていけるのか。それを凶器として使うか否かは道具の問題ではなく、使い手、人間の側の問題である。刃物があるから戦争が起こる、子どもが刃物を持つから好戦的になる、のではないだろう。……（中略）。

道具に罪はない。使い方に罪はある。ここでの短絡を許してはならないと私は思う。

以上は榮久庵憲司著『道具論』からの引用だが、これに関係して、青森県八戸市立第三中学校は、かつては非常に荒れた中学校だったが、現在では青森県での模範校に改革できている。そこでは、技術の授業にロボットコンテストを採用しているが、そのロボット製作に、全員カッターナイフを刃渡り数センチメートルも出して使っている。非行防止の観点からはバタフライナイフだのカッターナイフだのは、中学生に持たせるべきではないというのが常識だろうが、八戸三中ではその刃渡り数センチメートルの刃物が凶器になったことがない。今では「カッターナイフが凶器にならない中学校」という別名まで付いた。ロボット製作に没入することによって、生徒たちの心が整うからである。

ここまで書いたところへ、サンケイリビング新聞社山の手本部が出している『山の手リビング』というミニ新聞の二〇〇一年一月二〇日号が来た。その第一面に子供たちの声の一つとして、こんなのが出ていた。

この世界から兵器をなくして、どこの国もせんそうなどがなくなるようになったらいい。

（福山市、中学一年）

兵器がなくなっても、兵器以外のものが兵器として使用可能なのである。争う心をなくさなければ、戦争は止まない。ここのところをしっかりと子供たちに教えるべきである。

さらにここで、こわいドスほど、転じればいいメスになること、またよいメスほど、悪転すればこわいドスになることに、気付いてほしい。理由は、よく切れるからである。

悪は善に転じることができる。これが救済の道である。

善は悪に転じる可能性がある。これが堕落の道である。

そしてさらに、

悪性の強いものほど、転じれば、善性は強く、
善性の強いものほど、転じれば、悪性が強い。

常識では、すでに述べた直線思考（八八頁の図7）で、悪性の強いものほど善性は弱く、善性の強いものほど悪性は弱いと思われているようだが、「三性の理」では逆の答えが出る。このことは、先述した毒と薬（九三頁の図8）に関して、強烈に効く薬は一つ間違えばこわい、という現実を知れば容易に理解できよう。

善に固執すると悪になる

次に、善はあくまでも善ではないということについて、述べておきたい。

意志の弱さのゆえに、あるいはまた不注意によって、悪をしでかしてしまうことはあるにしても、悪に対しては用心をするのが人間一般ではある。しかし善に対してはどうかというと、手放しに善を推奨するのが普通ではないだろうか。

善を行ない悪は止めよ、は古来の変わらぬ教えであって、これは人間が存続する限り続くで

あろう。筆者も最終的にはこのことに対して異論はない。仏教にも七仏通戒《しちぶつつうかい》の偈《げ》（左記）というのがあって、読誦されているが、はじめの二句はそれを教えられている。

諸悪莫作《しょあくまくさ》　衆善奉行《しゅぜんぶぎょう》　自浄其意《じじょうごい》　是諸仏教《ぜしょぶつきょう》

（もろもろの悪をなすことなかれ、もろもろの善を奉行せよ、自らその意を浄《きよ》うする、これ諸仏の教えなり。）

ところが、普通この善の勧めということが安易にとらえられているように思われる。すでに述べたように善は悪に転じやすいのである。善を勧め善を行なっているうちに、知らぬ間にそれが悪に転じてしまうことは珍しいことではない。バブル経済の崩壊がそうであった。一大訴訟事件にまで発展した医薬の害の問題もそうであった。

われわれは人間一般は、悪に対するよりも、善に対して弱い。これは善だと思った途端に、心を許すからである。善だからいいと思う。それで用心せずにやりまくる。すると制御が外れる。制御がなくなれば必ず悪に転じるからである。

教育についても同じである。教育は善だと思うと、悪結果を招く。早い話が「自己」についての戦後の教育である。真の自己（Selfとでも言うべきか）を育てるはずの教育が、やる気の

Selfの方は置き去りにして、エゴ（Ego）を育ててしまい、やる気のないわがまま勝手な若者を大量生産してしまった。平等教育についても同様、人間存在としての基本的な平等観を育てることはできずに、尊敬の心と礼節と長幼の序を失ってしまったではないか。しかも個性のない模倣人間を大量に作り出してしまった。人間として極めて重要な「自己」も「平等」も、善にすることなく悪転させてしまった例である。

むしろ教育は善だと信じ切るのではなく、謙虚に教育は無記だと考え、下手をすると大変なことになるぞと用心しつつ、悪に転じさせないように注意深く行なうことが肝要だと熟慮させられる。

一番こわいのは、表2の20の正義感である。たいていは正義感というものは善だと思われているが、正義という観念は人間の頭の構造から生じたもので、無記なのである。うまく使えば、平和が訪れるが、使い方を誤ったり、あるいは正義感に固執すると、戦争という大変な悪に陥るのである。異なったイデオロギーの衝突は、正義感がベースになっていることがほとんどだ。人類の頭脳構造から正義感というものを取り去ったら、戦いはかなり防ぐことができたはずだ。

機器の手入れをしたことが、かえって壊すことになってしまったり、健康を求めての運動が度を過ごして（結果論ではあるが制御ができずに）体を壊し、ひどい場合には健康マラソンで心臓発作を起こして死に至る例もある。病を癒やすマッサージが、かえって筋肉を痛めることもある。このように、善をしているのだと、いい気でいるうちに、悪をしでかしてしまっているというのでは、まことに困る。そこで次の図式ができ上がる。

私たちは、この図9の「高次元の善」すなわち【善】を目指すことが大切だ。低次元の善に固執していると悪に陥る。これが本当の善のすすめである。

結局、悪に出会ったら転じよう、善に出会ったら用心しよう、ということである。そうすれば、善も悪も、ともに全機する。悪も出現のかいがあったというものだ。それでこそ、悪も救われる。

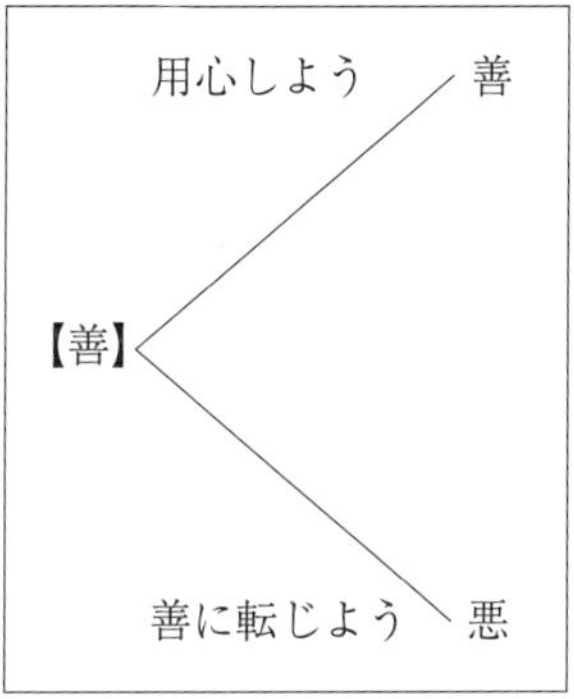

図9　悪は転じよう、善は用心しよう

正反対の二つの顔

前述したように、「二つの正反対のものが別々に存在するのではなく、真相は、一つのものに二つの正反対の名前が付いているのだ」ということから、善意で行なった行為が、他人には悪意に解釈される可能性があることが導き出せる。善悪は内面的な心の問題であり、行為そのものは無記の次元のことだからである。

もちろん、行為が行なわれる環境とか前後関係、あるいは行為をする人の顔つきなどの総合判断から、たいていの場合、善行が悪行に取り違えられることはない。

たとえば外科医が手術室内でメスを扱っているのを、殺人行為と受け取られることはなかろう。包丁を台所の流しで研いでいても何の疑問も持たれないだろうが、恐ろしい顔つきをして、包丁を持って道路を走っていれば、当然、ただ事ではないということになろう。しかし次のようなことはしばしば起こるので、注意を喚起しておきたい。

平川彰先生はご著書『大乗仏教入門』（第三文明社レグルス文庫、二四一～二四五頁）の「縁によって起こる」でこのように述べておられる。


……我々は一人の力では起《た》つことはできません。自力で起ったと思っても、大地の支えによって起ちあがるのでして、なにをしましても、相手があるからできるのです。（中略）これは生かされているということでして、縁起はそれを意味しているのです。

なにか仕事をする場合に、自分でやっていると思っていても、周囲のたすけがあるからできるのでして、そこには、多くの人のたすけのなかで仕事をしている自分……（中略)。

縁起には「相たすける」という意味があります。(中略)お互いが協力することにおいて、自分の力が充分に発揮できるということで、お互いがたすけ合うなかで、自分が生かされているのです。

よく仏教では「やらせていただく」という受けとめかたをいたしますが、それは自力だけではできないからです。

仏教徒がしばしば使う「させて頂く」という言葉遣いの背後にはこのような敬虔で最醇《さいじゅん》ともいえる思想的深みの裏付けがあるのである。

ところが、正反対の新聞論調が現れた。月日は忘れたが、平成一二年の毎日新聞紙上に、「最近何についても、……させて頂く、という言葉遣い、たとえば、見させて頂く、言わせて頂く、考えさせて頂く、買わせて頂く……といった類の表現が増えた。いやはやなんとも卑屈な時代になったものだ。見る、言う、考える……でなぜいけないのか」というのである。

言うまでもなく、前者は縁起という仏教の中心概念から出たものであり、後者は凡慮凡眼ではないかと思われる。両者に大きな次元の相違はあるにせよ、同じ言葉を、謙虚と受け止めるか、卑屈と見下すか、二通りの解釈が成立することは事実である。

また、百人一首にある、前大僧正慈円《さきのだいそうじょうじえん》の和歌、

おほけなくうき世の民《たみ》におほうかな我が立つ杣《そま》に墨染《すみぞ》めの袖

にしても、その意味を「私は（天台座主《ざす》として）比叡山延暦寺に住んでこの世の人々の上に、墨染めの袖を覆いかぶせて、わざわいから護り、人々を法（真理）の道に導くことになったが、思えば私如きものが此の大任に当たるとは、身分不相応のことであるわい」と解釈し、天台座主という世を救うべき高い立場の者が、おほけなく（ずうずうしくも、身分不相応にも）という気概のない態度を取っていたのでは、救世など望むべくもない（秋葉環『百人一首の解釈と鑑賞』明治書院）、と批判する方もある。筆者は謙虚と受け止めたいが……。

謙虚を卑屈として、節約をけちとして、迅速をあわてとして、丁寧をのろまとして、自信をうぬぼれとして、大賢を大愚として見ることはできよう。世間にはそのような誤解が氾濫し、世をぎくしゃくしたものにしているが、この現象は「三性の理」に照らせば、当然とも言うことができる。自分がこのように誤解されたとき、「三性の理」を心得ていれば、心の波立ちをおだやかに抑えることは容易にできる。

悪を善に転じる順序

一、怒らない修練

悪を善に転じる第一歩は、悪の奥処を形成している無記を観察し発見するところにある。これには冷静で正しい観察が前提となる。腹の立った、心に大波が立った精神状態では、それは及ぶべくもないからである。仏教では、精神に対する（引いては肉体にも影響する）最大の毒を「三毒」として三つ上げている。それは、貪《とん》（貪欲、足るを知らない飽くなき欲望）、瞋《しん》（怒り）、癡《ち》（無知）の三つで、これからしても怒らない修練は大切だと言える。

坐禅をすると怒りは日光に当たった露のように消え去ってしまうが、坐禅までしなくても、坐禅のときと似た呼吸、すなわち腹式呼吸で、吸う息を短く、吐く息を長ーくする、を暫時行なうだけでも、ある程度の冷静さを取りもどすことはできる。怒っている時はこの逆で、吸う息が長く吐く息は短い。これは不健康な呼吸である。頭に血が上って手足が冷えているような状態ではだめで、額はひんやりと、手先足先がぽっと温かくなればよい。

それに加えて思想的なバックボーンがあれば、さらに好ましい。これには二つが挙げられる。

一つは「如来蔵思想《にょらいぞうしそう》」である。詳しくは後述するが、仏教では、醜悪・失敗といったような悪の中身は仏だと言う。それらの悪は、如来が悪の仮面を被《かぶ》って現れられたのだと観る。

仏はそのような意地の悪いものか、といぶかってはならない。むしろわれわれを育てるためにわざわざ悪の仮面を被られたのだ、と把握した方がよい。如来蔵思想を心得れば、悪に接したとき、カッとなるどころか、手を合わせたくなる。

如来蔵は別名「宝蔵《ほうぞう》」とも言う。悪の中身は宝だという意味である。要するに未研のダイヤモンドということである。

具体例を示せば、たとえば「大切なCDにほこりが付いた」という、いやな現象の奥に宝があると観るのである（詳しくは後述する）。

もう一つは「摂取不捨《せっしゅふしゃ》」の姿勢である。これは一切衆生を救い取っておさめ、一人だに捨て給わないという阿弥陀如来の御心である。われわれもその御心を帯して悪に接するのである。「CDにほこりが付く」という現象を、捨て去らないで、なんとかして取り上げようと努めるのである。役に立たない現象は存在しないことを信じて、智慧をはたらかせ努力するのである。

生理的な呼吸であれ、精神的な思想であれ、どれによってもよいが、自分の心を制御して波立たせないようにする。これがプロセスの第一段階である。

ところで「悪に対して怒らないのならば、悪を撲滅することはできないではないか。そんな、悪を容認するような考え方は受け入れられない」と言われる御仁もあろう。一見もっともなようなご意見だが、それは凡慮である。そこで念のために言い添えておくが、これは悪の容認ではない。心を平静に保つことと、悪の容認とが混同されてはならない。たとえば、心を冷静に保つことは、叱らないということではないのである。むしろ頭にきていない叱り方の方が、有効ではないか。

二〇〇〇年ノーベル化学賞を受賞された白川英樹筑波大学名誉教授は東京工業大学資源化学研究所の助手だった頃、アセチレンからポリアセチレンを作る実験で、その処方を研究生に指示された。しかしその研究生は、白川先生が指示された触媒の量 m mol（ミリモル）を、間違えて mol と読み、一〇〇〇倍もの触媒を入れてしまった。それでいくら経っても目的の粉末はできず、表面に薄い金属光沢の膜ができてしまい、この実験は失敗に終わった。これはここで言う悪である。

しかし白川先生は、冷静に液の表面に浮かんだ薄い膜を観察された。この姿勢が、電導プラスチックという、輝かしい成果につながったのであった。白川先生にはそういうことはなかったであろうが、仮に研究生の失敗を責め、腹を立てているだけとしたら、そこからは何も生まれない。

二、無記の世界への復帰

要するに第一ステップは、腹を立てないことである。

続く第二ステップは、眼前に存在する悪事・悪現象を、価値を超えた無記の言葉で表現し直すことである。無記の世界へ立ち返ることである。善悪を超えて原点へ復帰してみることである。

「CDにほこりが付きやがった」というカッカとした悪的表現を、「プラスチックの円盤に粉体が付着した」という冷静な無記的表現に言い直すのである。外側の現象としては全く同じ現象なのだが、無記的に換言することによって、内側なる心の反応に天地の違いが現れる。

白川先生の場合で言えば、反応液をのぞき込まれた瞬間に善悪が消え、失敗をとがめることよりも、そこに出現した薄い金属光沢の膜に全霊が集中していった。厳粛な自然現象の現れ（如来蔵）に探求心が注がれていった。摂取不捨である。

失敗・成功というのは、現象が当座の人間の目標に合致したかそうでないかを、人間がでっち上げた価値感（あえて価値観とせずに価値感とする）に沿って判断しているだけのことである。自然現象はそんな人間の世俗レベルを超えて、常に清浄で厳粛である。これが無記なのである。半導体を作るときに、たとえばシリコンやゲルマニウムに微量の砒素《ひそ》などの不純物を入れる。この不純物という言葉はくせ者で、それにはいかにも材料の純粋性を低める邪魔物というニュアンスが表れているが、全くの逆で、それを除去したのでは半導体が成立しない必需物質なのである。不純物という表現は悪の響きを持っている。不純物と言わずに、微量物質とでも言えば無記的表現となる。

例を雨に取れば、たいていは晴れの方が好ましいので、雨というと嫌われる。マイナスの価値である。あるいは逆に、干魃《かんばつ》の場合とか、文芸で雨情に価値が置かれるような場合には、雨はプラスの価値を持つ。いずれにしても価値がへばり付いている。「地球の中心へ向かって移動するH_2Oの群」と表現すれば無記的になる。悪に遭遇したときは、このように無記の表現をしてみることである。（ただしほとんどの日常語には、善か悪かの響きがある。そんなにも人間は価値というものにさいなまれているのである。無記の語彙は少ないので、いきおい無記的表現は長くなる。）

およそわれわれの価値感というものには、まことにいい加減なところがある。

早い話が茶殻である。急須に入っている時には芳しく美味しいお茶の元であったのに、それが台所の流しで屑《くず》入れに捨てられた途端に、非常な不潔感に襲われる。これは全く錯覚ではないか。

だいたい、ゴミというものは、普通われわれが感じているほどには汚いものではない。自分の家のゴミやほこりを、一度拡大鏡で観察してみられることをお勧めする。拡大鏡下では、ゴミというようなものは姿を消してしまう。毛くずが見える。よく見るとそれは、ゆうべ風呂に入る時脱いだ自分のシャツから抜け落ちた木綿の繊維の一本だ。何かピカッと光る。見ればこの間、妻が玄関で指輪を落として宝石の角を欠かしたが、それが出てきた！……というように、ゴミの内容は、先刻まで大切だったものが非常に多い。いわば微細な宝の集合である。

そういう宝の集合体に対して憎悪の気持ちが湧き、あっちへ行けという拒否的な感じが生じた時、われわれはそれに、「ゴミ」とか「ほこり」とかという名を付けて表現しているわけで、同じ微細な粉体の集合でもこっちへ来てほしいという気持ちを持ったときには、それを「資源」と呼んで大切にするわけである。

そこで、ゴミだの資源だのという価値が付随した言い方を止めて、クールになれば、

「CDにゴミが付いた！」が、

↓

「プラスチックの円盤に粉体が付着した」

と、価値を脱落させた――無記の表現に変わるわけだ。

この価値を脱落させるところが肝心である。非価値の（無価値ではなく非価値である。無価

値はレベルが低くて値打ちがないことを言うが、非価値は価値などということを問題にしないことを言う）世界へ入るのである。価値がへばり付いていると、目がくらむとか、錯覚に陥るとか、とにかく眼力が鈍る。もちろん価値は大切なものであるが、悪を転じて新規の善を得ようという新しい価値の創造のためには、眼を開くことが必須であって、そのためには、ひとまず価値の世界から抜け出すことが必要なのである。

善悪の世界から無記の世界を眺めると、無味乾燥に見えるかもしれないが、逆に、無記の世界から善悪の世界を見下ろすと、価値に汚染されたように見える。ゆえに前では、あえて、「価値がへばり付いた」という言い方をしたのである。無記の世界の清浄性が分かってほしい。そして善悪から無記が出たというよりも、無記から善悪が生まれたのであるから、無記という非価値の世界へ入ることは、ふる里への復帰なのである。重要な転機には、原点への復帰がものを言う。

われわれは一日に一時間でよいから、毎日この非価値の世界へ復帰する修練を積むとよい。「悪口を言われた」が「鼓膜が振動した」に変わって気持ちがスーッとする。

三、問題意識と「念・忘・解」

問題意識のないところには変革も、進歩も、ヒラメキも、悟りも生じない。なすところなくいたずらに時を費やすのでなく、たとえ程度はわずかであるにせよ、物の開発を、人生の解決を、研究の進展を、芸術への精進を……目指すのであれば、前提としてそれらに関する問題意識は必須である。

問題意識は眼を開く。見るということは生理学的に言えば、外から光学的刺激が眼球に入り、それを脳で判断することには違いはないのだが、うっかりすると、われわれはこれを、たんなる受動的物理動作と早合点する。しかし、見ることの半分は能動なのである。大きく心が関係している。だいいち、眼球をどこに向け何にピントを合わせるのか。これは関心興味という、内から外へ向かう、全く能動的でしかも心の問題である。そして心のありようによって、見え方が全く変わってくる。問題意識が強烈であるほど、先に述べた如来蔵の奥処にある如来（宝）は見やすい。発見が容易になる。

問題意識があれば、その問題が常に念頭に浮かぶ。どの瞬間にもそのことを考えている。「今」この瞬間にもその問題が「心」にある。ゆえにもじったことになるが、今＋心＝念で、強烈な問題意識を持って考え抜く状態を、筆者は「念」としている。

懸命に考えるだけで解が得られればそれでよいのだが、創造性がなければ解けないような問題は、考えただけでは答えは得られないのである。ここでまた「二・一思考」の出番となるが、念と正反対の「忘」すなわち忘れることが必要となるのである。

過去のいろんな創造的な実例からしても、例外なく、創造的な「解」というのは、そのことを忘れていた時に、天啓のようにふっと向こうからやってくるような感じで、しかも外部の何か——見たとか、つまずいたとか、熱い風呂に入ったとかという——刺激がきっかけとなって、湧き出るものである。それはほんの一瞬である。これが「解」の段階である（図10）。

これは本当に劇的な瞬間で、矛盾を解く知恵や、世界を動かす大発見・大発明や、宗教上の悟りなど、どれもがそうである。

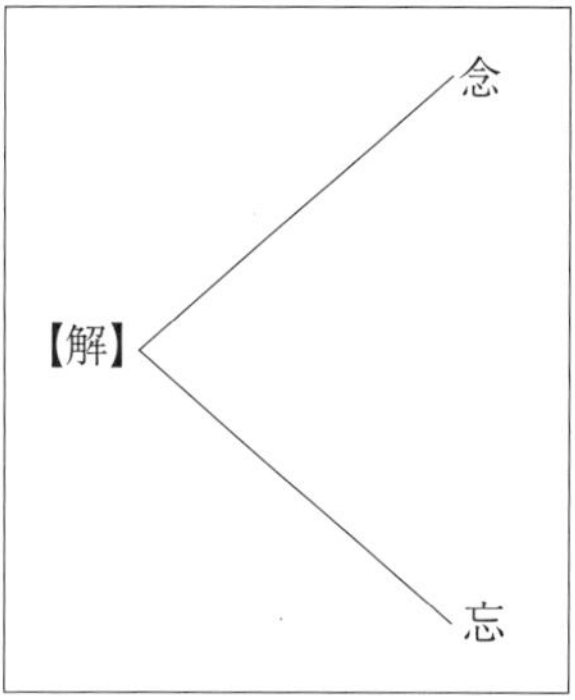

図10　念・忘・解

この時、「あっ！」と声が出ることが多い。人によっては、嬉しさのあまり、ひざをたたき、おどり上がり、また走りだすこともある。

同時に、感覚的な話だが、答えは自分が考え出したというよりも、向こうからやってきた、という感じがする。確証を得たような、たしかな手応えがある。また、徐々に解けたというのでなく、ポンと一度に解答が得られる。

「念」と「忘」のどちらが欠けても「解」は得られな

い。どちらかが欠けて、ヒラメキが得られたようなことだったら、それは問題がやさしかったということである。

筆者にもこのような体験は何回もある。仕事机に向かって一所懸命に考えていたときに、大きな創造的アイデアが閃《ひらめ》くことはまずないと言ってよい。

一例を挙げれば、オールもエンジンもなしで、流れのエネルギーをそのまま活用して、川を横切ったりさかのぼったりできる「自然力ボート」（第七章で述べる）は、懸命に考えたあげくお手上げになって、そのことを忘れていたとき、凧上げの凧を見て、閃いたのだった。

「念」と「忘」とが協力し一体となって「解」が得られるのである。創造的なアイデアがヒラメくには、「念」→「忘」→「解」という順序が必要で、これを、「ねん・ぼう・かい」のプロセスと言う。

念と忘とのどちらが欠けてもだめだという事実は、以下のように解釈できるのではないかと考えている。まず、念で懸命に、あるいは長期間考えている間に、その問題が深層心理の中へ浸透してゆく。すると、忘と言っても、それは目が覚めている時に気が付いている表層心理上で忘れているだけのことであって、深層心理の中ではその問題意識が熟成し、しだいにふくらみ、ついには、はち切れんばかりになっている。その時に、なんらかの（肉体的な）刺激が外から針が刺さるように入ってくる。その途端、風船玉がパーンとはじけるように、アイデアが閃き出る。おそらく、こういうことではないかと筆者は思っている。

ともかく、創造的な解を得るには「念」の他に「忘」が必須なのである。残念なことに、わが国の教育では忘れるということを、悪として教え込んでしまった。

四、解の要点は制御の導入

念・忘・解のプロセスで、「忘」の状態のときに、悪に遭遇し、その悪を無記の表現に言い直した瞬間に、善が閃き出る。「解」が得られたわけである。

前述したCDの例で言えば、ある人がコピーの機械の開発を担当していたのだが（「念」）、いっこうに良いアイデアが浮かばない。「忘」の状態である。

その時、気分転換に音楽を聴こうとCDをかけた。演奏が終わってCDをプレーヤから外して机の上に置いたら、CDにほこりがワーッと付いてしまった。「大切なCDにほこりが付きやがった！」と不快な気持ちが起きたが、気を静めて、「プラスチックの円盤に粉体が付着した」と、無記に言い直した。

その途端、その人には、CDに付いたほこりが、文字に見えたのだった!!

こうして、コピー機の素晴らしいアイデアは湧き出た。「解」である。CDへの静電気の付着は、偶然生じたものであり、付着のパターンも当然でたらめなものだった。それを、コピー

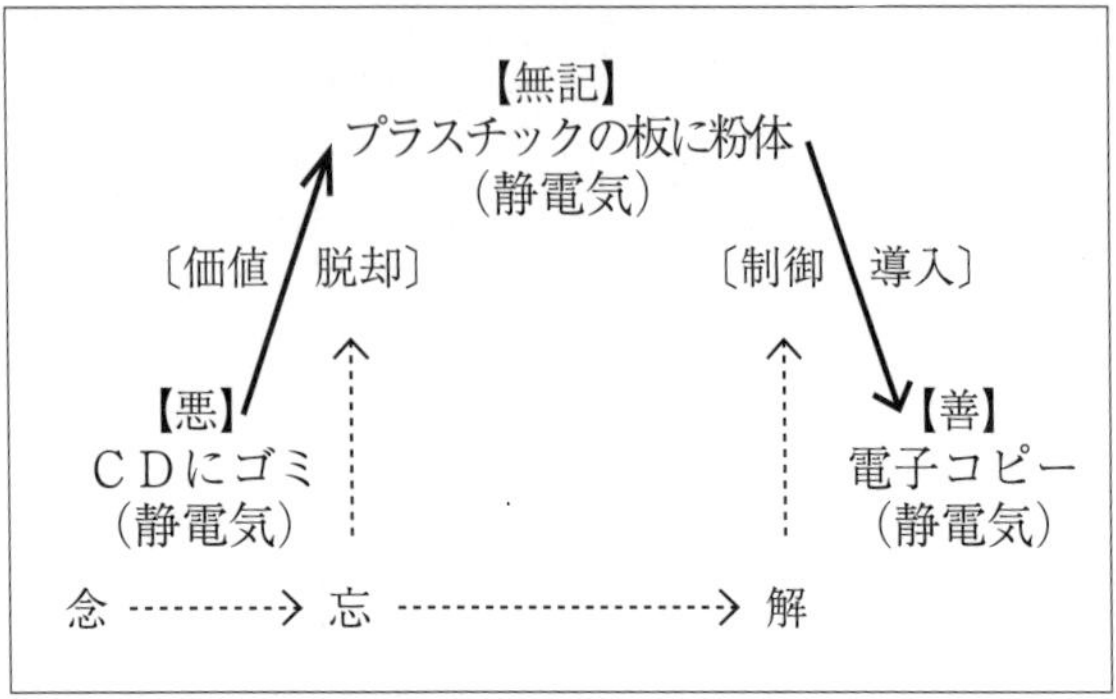

図11　ＣＤにごみという悪を電子コピーに善転した順序（悪も無記も善も、同じ静電気現象）

したい文字の通りに紙の上に静電気を帯電させ、その上から、ほこりの代わりに黒い粉（トナー）を振りかけて、熱で定着させればコピーとなる。（ただし「三性の理」によれば、コピー機にとっては大切なトナーでも、ワイシャツに付けば大変いやなほこりとなる。）

ここで見逃してはならない重要なポイントは、ＣＤにほこりという悪現象も、プラスチックの板に粉体という無記の現象も、コピー、すなわち紙にトナーという善の現象も、どれもが物理的には全く同じ静電気現象だという事実である。悪の静電気現象と、善の静電気現象とが異なるのではなく、善と悪とで異なるのは制御の有無なのである。このことをとくに心してほしい。

右に説明した「悪を善に転じる順序」を図示すれば図11のようになる。

昔の善転の例

日本が世界に誇るべき文化、茶の湯は、禅から生まれた。ゆえに茶の湯にはすべてを全機させる機転がある。

表千家流茶道の書に、落ちた椿の花を活かす、次のような話が伝わっている。

まずは、昔の文語文で。

京都の正安寺という寺に住したる老僧某、宗旦と交わり深かりしが、ある時庭に妙蓮寺という椿の花の咲き出たるを折りて宗旦に贈るとて、その使者、新発智《しんぽち》に命じたるに、新発智誤って地上に取り落とし、花のころりと落ちたるを、そのまま宗旦方に持参して、有りし次第を物語り、このこと若し老僧に知られなば必ず本意なき事に思わん、何分無沙汰《ぶさた》にし給われと詫びけるに、宗旦自ら出でて対面し、よくこそ正直に申された、暫く待たれよとて、頓て今日庵（裏千家）の掛物を外し、利休作の一重切園城寺という花入を床に掛け、これに其の椿の花枝を生けて、落ちたる花を其の下に置き、さて新発智を呼び入れて是れ見られよ、なかなか面白き風情ならずや、薄茶一服振舞わんとてねんごろにもてなして還したりという。（林利左衛門『表千家流茶道』河原書店、三二一頁）

これは要するに、こういうことである。

京都の正安寺という寺の老僧が、庭に妙蓮寺という種類の美しい椿が咲いたので、寺の小僧に命じて千宗旦（千利休の孫で、表千家・裏千家の基を築いた人）のところに届けさせた。小僧は誤ってその花を取り落とした（周知のように、椿の花は首の根元から簡単に落ちる）が、それをそのまま宗旦方に持参して、

「このことが師僧に知れたならば、師はさぞ落胆されることでしょう。どうぞご内聞に」

と、泣きついた。宗旦は、

「よく正直に申された。心配は要らぬ。しばらく待たれよ」

と、床《とこ》の掛軸を外して、その代わりに花入れをかけ、それに花のない椿の枝を生け、その下の床の上に、落ちた椿の花をあたかも生けてあるうちに自然に落ちたように置いた。そして小僧を呼ぶと、

「ご覧なさい、なかなか面白い風情ではないか」

と言って、茶を一服振る舞ったというのである。

これで、小僧さんは救われた。しかもこのことは、小僧さんの心に焼き付いて、小僧さんの宗教家としての善転の生涯を根底から支えたであろう。これで花を落としたことも全機した。

これは昔の話であるが、いうまでもなく、「三性の理」という知恵は時間を越えた永遠の真理であって、現代でも、いや今日こそ、あらゆる分野でさらに活用されたいと切実に願って止まない。

活かすと殺すと

ここで、一つの無記なることを、善として肯定的に解釈するか、悪として否定的に受け止めるかによって、結果は大きく異なるという実例を示して参考に供したい。

日本では、どこの企業でも、職場の改善提案運動が盛んで、これが日本経済を支えてきた一因でもあるのだが、その運動を促進指導するためのカエル・カードなるものが日本HR協会（HRとはHuman Relations の意味）から売り出されている。それは、縦九センチメートル、横一三センチメートルほどの一枚の厚紙カードで、表には、「見方・方法・考えカエル」「提案で、あなたが変わる、職場が変わる」と印刷してあり、そのそばで蛙が逆立ちしているという気の利いたデザインのものである。

そのほぼ真ん中に、二つ折りにするための折り目が一本入れてあるが、折らないままで販売されており、定期券入れなどに入れておいて、しょっちゅう参照しようとするユーザーは、自分で二つに折ればよいようになっている。筆者はそれをいつも一〇〇枚ほどストックしていて、折に触れては活用している。

ある時筆者は、創造性開発の相談に来られた方に、そのカードを推薦し、目の前で二つに折って手渡した。当然、話はそのカードの中に書いてある着想のヒントの方へ行くだろうと思っていたら、その人の注意はひょんなところへ移った。

「こりゃ、折り目がまずいですなあ。両端が合いませんよ」

「そうですか、どれ」というわけで見ると、たしかにカードの右端と左端は折った後で一致せず、裏側になる方の端が一ミリメートルほど引っ込んでいる。

「いや、これはわざとそうなるように、折り目が決めてあるんじゃないでしょうか。この方が開けやすいですから」

「…………」

（後になって、日本HR協会に問い合わせたところ、ことさらそのようにはしていないので、折り目の誤差でしょうという返事だった）

話はたったこれだけのことだが、これには物事への対処に関する本質的なことが含まれている。

普通の判断では、筆者の方が間違いで、お客の方が正しかったことになる。だがここで、日本HR協会がどういうつもりで折り目の位置を決めたのかについて、正解が得られたところで、それが何になるだろう。それどころか、むしろ、うっかりすると、二人の会話は、どっちが正しいかという競争とか、勝負とかという方向へ曲がっていって、声もしだいに荒く甲高くなってゆく。

われわれ人間は悲しいかな、おれは正しく、他は間違っているとか、自分は人よりも優位に立ちたいとかという、自己中心的・自己優先的な姿勢――「我《が》」――というものを持っている。

実は、この「我」なるものこそが、一切の認識を狂わせ、一切の物事を無意味の方向へとひん曲げ、一切の障壁、一切の葛藤の深因となっているのである。仏教で無我が説かれるわけの一つは、このためでもある。

話をもどそう。日本HR協会のカエル・カードの折り目の位置が、ある意図を持って設計されたのか、あるいは、たんに誤差が出てしまったのか、などという正否の分別は、この際、問題ではないのである。いかにして自分の会社の創造性を高めるかこそが、問題なのである。ところが心が事柄の正否に固着しているから、焦点がずれてしまった。そこで話は目的の創造性開発へと、さらさらと流れてはゆかず、ひん曲がって「こりゃ、折り目がまずいですなあ」という言葉が出てしまったのではないか。

カードを折り目に沿って二つ折りしたところ、その両端が一致しなかったという無記なる物理現象を目の前にして、それをどのように活かしてゆくかが、未来を左右する。

これを、カード設計や印刷のずさんだと、悪として把握し、その関係者を見下すなどという気持ちは最低である。何の役にも立たないばかりか相手を不愉快にする。

逆に、その無記なる現象を善としてとらえ、自分の会社でカードを作るときには、くそまじめに厳密に真ん中で二つ折りにせず、少しずらせて折れば開けやすくなる、と受け止める方が、ずっと創造的であり建設的だ。それを実行した後の、物事の展開は楽しみなくらいである。

前述のように、この客が帰られてから日本HR協会へ問い合わせたところ、ことさらそうしたということではなかったのだったが、数日後に担当者から手紙を頂いた。これからは、「折り目をずらせることを、うちのセールスポイントにさせてもらいます」ということだった。ずれの活用である。さらに、この件を本に載せられる由だが、その書名などを教えてくれと添えられていた。

おかげで、いずれカードも開けやすくなるし、筆者としては原稿の種ができ、出版前に読者を予約することもでき、日本HR協会と人間的関係を結ぶこともできたのだった。

これは「三性の理」の応用例である。活かすと殺すと、こんなにも差ができるのである。

もちろん、折り目は、きちんとずれるように制御して付けなければいけないことは言うまでもない。

心を抜きにすると

先の「典型例はドスとメス」では、このように述べた。すなわち、心を整えることを奨励せずに、悪として現れた客体だけをなくしようとしても、悪の防止は無理である。心が整っていない人が存在するままにしておいて、悪を断ち切ろうとするのならば、世の中から一切の先のとがった金属のへら（刃物）をなくしてしまうしかない。つまり無記をなくするしかない。しかし、そうすれば一見安全に見えはするが、盲腸炎にかかったら最後である。メスもないわけだから助からない。悪の防止のおかげで善さえもが不可能になってしまう。これでは困る。だから、どうしても心の整備は不可欠という結論になる、ということを述べた。以下に、この具体例を挙げたい。

かつて、ある大学の自動車関係の研究室でこういうことが発生した。さすがそこの研究室には、自動車が何台もあった。研究室の職員をはじめ、研究室に所属していた大学院生、卒業研究の学部学生、研究生などは、直接に研究のためにはもちろんだが、それ以外にも研究室の雑用にそれらの車を使って、能率を上げていた。

ところが、その中のある不心得な学生が、車を使った後でキーを所定の場所へ返すことをしないまま、登山に出かけてしまったのであった。研究室では、はじめのうちは誰がキーを持って行ってしまったのかさえも分からなかった。車はあってもキーがないので、その車が使えないだけではなく、その車の後ろに駐車してあった別の車までもが使えなくなり、ちょっとした問題となった。「悪」の発生である。

そこで研究室の助手が、すべての車のキーを厳重に管理することになった。研究室員は車を使う時には、いちいち助手のところへ行って、ノートに使用者の氏名・使用目的・キーの返却予定時刻……などを記入してから助手からキーを受け取り、帰ってきたらすぐにキーを助手に返し、ノートに返却時刻を記入してもらうという、お役所的なやり方に変わったのである。それ以前は、管理責任者というようなものもなく、研究室の入口の板に釘が打ち付けてあって、キーはそこにかけておくだけで、全員の良識に基づいて紳士的に、事柄は適当にうまく回っていたのであった。いってみれば家庭的な状態だった。

まじめな方は、おそらく、なんとなくうまく回っていたというそれまでの体制を批判され、管理を厳しくするのが良いことだと言われるかもしれない。そんなルーズなやり方だったから、キーを誰かが持って行ってしまったのだとおっしゃるだろう。

こうして、面倒にはなったが、しばらくは無事であった。ところが、管理者である助手が、風邪を引いて数日間休んでしまった。そうしたらその間一台も車を動かすことができなくなってしまったのである。不便極まりなしである。つまり、「善」が不可能になってしまったのであった。

こういった管理の仕方は、社会の至るところで見ることができる。たしかに、このような厳しい管理を行なえば「悪」は防止できる。だが、極めて残念なことに、そういう管理を大まじめで実施される方は、「三性の理」というものに全くの無知であると言わないではいられない。

そのような方は、キーの管理を厳重にするということは善だ、管理をしないルーズなやり方は悪だ、という二見に堕して（第二章参照）おられる。しかもそういう方に限って、管理を厳重にすれば悪を防止して善が可能だと錯覚して——あえて錯覚と言おう——おられる。この錯覚が、事柄の全機現を妨害している。

管理などせずに適当にやることは、悪ではない。無記なのである。無記が、学生の整っていない心によって、悪として作用したのである。整った心に接すれば善として現れるのである。それなのに、学生の心を育てることをしないで、管理しなかったことが本質的な原因だと勘違いしたところから、悪を防止はしたものの、善が不可能になってしまったのである。

何か不都合が生じると、多くは、規則・管理・取締り……といった方向へ走る。そして「三性の理」も知らずに、心の方には手を付けずにおいて、無記なるものを悪と取り違えて、それを排除する。そして悪が排除できたから、良い社会になると早合点する。だが待てよ？　なのである。実際には無記が排除されたのだから、当然のことながら、善は生じない。結局、悪がない代わりに善もないという、なんともやりきれない、しみったれた、活力の欠けた、死んだような面白くない社会になってゆく。善がなくなってゆくのだから、人々の顔は活き活きしなくなる。不満に満ちた、ぶすっとした顔つきが増えてくる。

一つの不都合が、あるいは事件が起きるたび毎に、これが繰り返される。その積み重ねの結果、もともとは自由でのびのびと動いていた社会が、不心得者は当然不心得者なのだが、取り締まる方も取り締まる方であったために、悪も善もできない身動きのならない、きゅうくつな方へ、きゅうくつな方へと社会は流れて行くのである。それとともに、法律や規則はどんどん増えて、最後にはどうなるのだろうか？　矛盾だらけの、にっちもさっちもならない世の中が到来する予感がしてならない。

心を掃除し整備することが、いかに大切か、お分かり頂けただろうか。一人だけが整備すればよいのではない。人間は全員心の整備をしなければならない。しかも一度すればよいというものではない。常に汚れてくるから、全員が日々掃除・整備をする必要があるのだ。このことを抜きにしては、どのようにもがいてみても、良い社会は訪れてはこない。善と悪との両方が出現するか、両方ともなくなってしまうか、でしかないのである。このことを「三性の理」は明晰に物語っている。

以上のことを端的に示す、二〇〇一年二月一日の『毎日新聞』夕刊の記事を紹介したい。最近の凶悪犯罪多発の特集の中で、元東京高検検事長の藤永幸治氏が「自由の裏面に犯罪あり、の認識を」と題する談話の中で、次のように述べられていた。

……国民に最大限の自由を保障する自由主義国家は、犯罪多発国でもあることを認識すべきです。自由保障の半面には、一定限度の犯罪発生の不可避性を冷厳に認めなければならないでしょう。犯罪が全くない社会とは、自由も競争も人間性も全く認められない暗黒の社会なのです。

まさに上記の通りを具体的に示されたものだと痛感する。社会全員の心の整備を叫ばずにはいられない。

ライブドア事件と三性

二〇〇六年一月に、ライブドアショックと言われる大事件が世を騒がせた。

あらましを述べるとこうである。ライブドアというＩＴ（情報技術）会社が、二〇〇五年初頭から、ニッポン放送の株を時間外取引をはじめとする巧妙な方法で大量に買い集めて、ニッポン放送を敵対的に（ニッポン放送側の承諾なしに）買収して自分の傘下に収めようとした行為。プロ野球球団の買収をめぐって楽天というＩＴ会社と争った件。二〇〇五年夏の衆議院選挙に、自民党からの要請で、ライブドアの社長堀江貴文氏（俗称ホリエモン）が広島六区から立候補したこと、年末には日本経団連へも入会できたことなど、頻繁に華々しくマスコミで取り上げられ、堀江氏は当初、旧弊の殻を破って新時代を画する時代の寵児、改革の旗手と、もてはやされた。

しかし、二〇〇六年一月一六日夕方、東京地検特捜部が、証券取引法違反容疑（風説の流布・偽計取引）で、ライブドア本社と堀江社長宅の強制捜査に踏み切り、ついに一月二三日夕刻、堀江貴文代表取締役、財務担当の宮内亮治取締役、子会社ライブドアマーケティングの社長を兼ねた岡本文人取締役、金融子会社ライブドアファイナンスの中村長也社長の四人が逮捕され、小菅の東京拘置所へ入れられた。

ライブドアは、極端な「株式分割」を繰り返して（結果的に一株が三万株に分割された）、東京証券取引所の七一・二％がライブドア株になる（発行済み株式単元数で見た場合）ようにしてしまい、それに「株式交換」を利用したいくつもの他社の合併・買収や業務提携などの発表を絡め、株式市場に故意に受給逼迫を起こさせて株価を暴騰させるなど、極めて巧妙な手口を駆使して、約一〇年でピーク時には（グループ各社の株価と株数の積である）時価総額を一兆二〇〇〇億円にもふくれ上がらせた。

しかし上記強制捜査の影響は大きく、東京証券取引所は全銘柄取引停止という、世界の主要取引所を見ても極めて異例の事態に追い込まれ、ライブドア関連銘柄だけでなく他の株の株価も大幅に下落した。それのみか、この影響は海外にも及び、海外市場でも下落傾向になった。

要するに、ライブドアは当初はＩＴ会社として出発したのだったろうが、やがて拝金主義が頭をもたげ、「株式分割に関する規制緩和」や「株式交換」などといった最近の商法改正を巧みに利用して、株式市場で膨大な虚利を貪る新方策を発明捻出し、広く市場をだましたり投資家に迷惑をかけていたという、実質的には金融会社だったのである。

もともと大幅に株式分割ができるようにした（二〇〇一年の商法改正による）趣旨は、保有資産が少ないインターネット関連企業を育成するところにあった。また株式交換は、近年の企業運営のグローバル化に対してスムーズな企業再編を促すために、一九九九年の商法改正で可能になった企業買収の一つの方法だったのである。

つまり政府は善と思って（その実は善ではなく無記なのであるが）「株式分割の規制緩和」や「株式交換」をできるようにしたのであった。ところが、ライブドアという会社の心が整っていない経営者らがそれらを悪用した。悪用どころか「やりまくった」。前にも述べたが、やりまくった時にはすでに制御が外れている。制御が外れれば、無記は必ず悪として作用してしまう。

政界の方たちは、ここで詳細に力説している「三性」という真理に目覚めておられないから、上記の商法改正は善だと勘違いされていたのだろう。だが現実には、ライブドア事件という悪が発生してしまった。これに対し後手ではあるが、政府はさらに法律を変え、役所の監視体制をいじっていこうとしている。だが、「三性の理」をわきまえて、人々の心を正すことなしには、同様のことがまた繰り返されるであろう。

思うに、ライブドア事件は「三性の理」の適例である。

仏典での「転」

価値に関しての「三性の理」を解説してきた大きな目的の一つは、仏典に現れる「転」の概念を、読者に理解できるようになって頂くためである。「転」こそは、仏典理会の重要なキーポイントの一つである。

そこで、『小室六門』の第五門「悟性論」（『大正新脩大蔵経』第四八巻、三七二頁）より達磨大師の短文を引用して、例示しよう。（中国河南省南府登封県の西北に少室山という山があり、その東峰を太室、西峰を少室（小室）と呼ぶ。山中に少林寺があってそれは達磨大師九年面壁の道場。）

一切煩悩為如来種子。為因煩悩而得智慧。

読み下せば、

一切の煩悩は如来の種子となる。煩悩によりて智慧を得るがためなり。

となるのだが、迷える衆生のものである煩悩（煩悩とは身心にまといつき心をかき乱す、一切の妄念・欲望のことを言う）という汚れたもの（種子）から、如来という悟った清浄なものが芽生えるという論理や、無知のものである煩悩から智慧が得られるというわけは、悪が転じて善になるという「転じる」の意味が完全にものになっていなければ、会得することはできないであろう。

また、

諸佛以無明為父。貪愛為母。

を読み下せば、

諸佛は無明を父とし、貪愛を母とす。

であるが、迷妄の無智（無明）と貪欲（貪愛）から仏が生まれるという理も、「転」が分からずには理会できるものではない。さらに、

衆生與菩提。亦如水與氷。

を読み下せば、衆生と菩提とはまた水と氷の如し、となる。仏教でしばしば、悟った仏をさらさらと流れる水に、また、迷った衆生をこびりついて身動きならぬ固い氷にたとえるが、これからすれば、仏も衆生もH_2Oとしては全く同じものである。

また、仏を龍に衆生を蛇にたとえて、

蛇化為龍。不改其鱗。

蛇は化して龍となれども、その鱗を改めず。これは、衆生が悟って仏になっても、（心の制御は変わるが）本性は変わらないという意味である。悟りこそは、迷いが転じたものだからである。

これらの例のどれからも、前記の図11のところで述べた、悪の静電気現象と善の静電気現象とが異なるものではない、すなわち、CDにほこりという悪現象も、プラスチックの板に粉体という無記の現象も、紙にトナーという善の現象も、物理的には全く同じ静電気現象だという事実の通りであることが分かろう。

「三性の理」をマスターして、仏典に親しまれることを切望して止まない。

「三性の理」の要点まとめ

以上で、価値についての三性の理についての必要な解説は尽くすことができたと考えられるので、ここで要点をまとめて、しめくくりとしたい。

一、「三性の理」を理会する頭脳構造は、直線思考ではなく、「二・一思考」（二元性一元論）である（八〇頁の図6）。

二、「無記」とは、価値観念を脱落させた時の呼び名である。またメスには善の、ドスには悪の価値が付着しているが、「先がとがった鉄のへら」と言えば善悪のない、すなわち無記の表現になる。発酵は善、腐敗は悪だが微生物現象と言えば無記である。

三、善悪は、外側にある客体の属性というよりも、内側である心が作り出したものである。

四、二元性一元論的に、善悪が価値を捨てて無記に合一したと観てもよいし、一つの無記なるものから善と悪との二つが発生したと観ることもできる。この場合の合一とは哲学で言う止揚（ドイツ語 aufheben）のことである。

五、「転じる」とは、性（本性）は保ったままで、相（現象、外見）を変えることである。悪の価値を脱落させて一度無記の世界に立ち返り、そこから制御を得て再び価値の世界へ降りてくると、新しい善なる価値が創造されるのである。これが善転である。善転のコツは制御の導入にある。

六、善転には四つの段階があり、

第一は、悪に出会っても冷静にして心を動じさせないこと。

第二は、その悪の中に無記を見出し、それを価値を脱却した言葉で表現してみること。

第三は、常日ごろから強い問題意識を持ち続け、できれば「念・忘・解」の忘の段階まで来ていること。

第四は、最後に制御を導入する、である。

七、善転とは、悪い部分を切除し除去することではない。
八、悪性の強いものほど、転じた後は善性が強い。それは無記のハタラキが強いからである。
九、心を許すと、善は悪に転じるので十分な注意が必要。
一〇、真相は、無記という一つのものに、善と悪との全く正反対の二つの名前が付いているのである。
一一、心を抜きにして絶対に悪ができないようになっていると、善もできない。無記の実行ができないからである。
一二、価値についての「三性の理」は、悪の容認ではない。逆に、本当に悪をなくする道である。
一三、この世に出現した物事は、なんらかの意義を持って現れているのであるから、肯定的に受け止めて、その意義を発揮させることが善転の基本である。

以上で、価値についての「三性の理」の解説を終わる。

せっかくの善を悪に変えてしまう大問題は貪欲によることが多い。次節では「貪欲」と「足るを知る」ことの重要性を説くことにする。

第五章　足るを知る心とゼロ成長への軟着陸

東日本大震災の教訓

二〇一一年三月一一日午後の、東北から東関東を揺るがせた、マグニチュード九・〇という未曾有の大地震と、それに引き続いた、青森・岩手・宮城・福島・茨城各県の海岸を数百キロメートルにわたってまたたく間になめ尽くした、想定をはるかに上回った巨大津波(高さ十数メートル、場所によっては高さ三八・九メートルまでにも遡上《そじょう》)、さらにその結果引き起こされた東京電力福島第一原子力発電所の大事故、これらによって東北地方は言うに及ばず、わが国全体は一大国難に見舞われた。

テレビを通して巨大津波の猛威がまざまざと見せつけられた。自動車などは川の表面に浮かんだ木の葉のように軽々と流され、つぶされ、ひっくり返されていった。二階建ての家屋が一瞬のうちに土台から根こそぎもぎ取られ、ばらばらに破壊され、流され、流木の群と化した。港にあった大小の漁船が陸上に押し上げられ、ビルの二階のベランダにひっかかってしまった船もあった。それら打ち上げられた漁船たちの下には、つぶれた乗用車も見られた。幸いに倒壊はまぬがれた家屋の屋根の上にも、自動車が持ち上げられてしまっていた。こうして上記東北地方の太平洋沿岸の諸都市は、物理的にも一挙に壊滅し、津波が引いた後には、おびただしい瓦礫と廃木の山と汚泥が残って廃墟と化した。あるいは地盤が沈下して水没してしまった町もあった。各町に原子爆弾が一個ずつ落ちたような惨状で、この世には神も仏もおられないのではないかと思われるほどだった。ただ唖然として言葉を知らずというのが、全国民の感じだっただろう。

幸いに早く高台に逃げて一命は取りとめ得た方々も、家も職場もすべてさらわれ、我に返った瞬間から被災者であった。その晩からの生活をどうするか。家族は離ればなれ、いや行方不明という方が極めて多数だった。直ちに一〇万人規模で自衛隊が動員され、救援対処に当たった。死者一万三七〇五人、行方不明一万四一七五人、避難者一三万七〇二七人（二〇一一年四月一六日警察庁まとめ）であった。

この大震災は、質的にも多様な災害を、国内はもちろん、諸外国にまでも及ぼした。このことは、ここで説明するまでもないだろうし、書き出せば数冊の書物では足りないくらいの量になるであろう。しかしそのうち本章でとくに取り上げたいのは、結果としてもたらされた関東の電力不足と物資の不足、あるいは流通阻害が原因となった経済混乱と不便な生活についてである。われわれはこの大災害から「足るを知る」という大切な教訓を読み取らなければならないと熟慮するからである。

放射能漏出という大事故を起こした東京電力福島第一原子力発電所の停止は当然ながら、東京電力管内のいくつもの火力発電所も被災停止した。そこで、休止中だった水力発電所群を総動員し、さらに他の電力会社からの給電も受けたが、東京電力管内は深刻な電力不足に陥ってしまった。放っておけば関東は全面大停電になりかねないという危機意識から、全面的に節電が呼びかけられるとともに、地域毎に数時間ずつ時間を区切って配電を停止するという「計画停電」なる緊急措置が実施された。JR、私鉄、地下鉄は運転本数を減らし、急行運転は取り止めとなった。

自家発電設備を備えている大病院などはまだよいとしても（それでも発電機エンジンの燃料供給が滞ったが）、いざ停電してみると、不便この上なしで、たんに照明が点《つ》かないので真っ暗だ、エアコンが止まって寒い、というだけでなく、それまで意識に上っていなかった幾多の不都合が発生した。たとえば電気炉を使って自動車部品を製産している町工場では、停電によって半加熱の不良品が排出し、停電が復旧した後も電気炉はすぐには温まらないので、長時間の無駄が出る始末だった。精密機械を使ってICチップを製産している工場では、一旦停電すると、生産設備の再調整のために相当の手間と時間を費やさなければならなくなった。この不都合は、たんに停電区域内のことだけには収まらず、たとえば自動車部品の供給が滞ったため、日本全体の自動車組み立て工場、さらには米国その他に海外進出している自動車組み立て工場の製産も止まるという事態にまで波及した。これは不都合のほんの一例でしかない。

ともあれ、関東地方の市民全体の節電意識は高まり、非常に良心的で、また自主的な節電が実施されたと筆者には思われた。

東京の街や商店、デパート、スーパー、役所、駅、病院……など、すべて以前よりも薄暗くはなったが、必要最小限の場所はちゃんと照明されていた。

ガソリンや米をはじめとする食料その他の諸物資の供給も、中には値段の上がったものもあるが、二週間ほどで、被災地は別として、さほどの不便は感じられないほどにまで復旧した。

そこで感じたのだった。ただ元のままに復旧しただけでは、今回の一大災害の意義を生かすことはできない。災害が大きかっただけに、そこから大きな教訓を得て、今後の日本、いや世界の人類の生き方、あり方に資すべきであると。

知らぬ間に贅沢になっていたことへの反省

筆者は生まれは昭和二年で、終戦の時は高等学校二年生だった。その後、大学一年頃までは、物資不足、停電の連続、汽車の乗り降りは窓から行なったり、デッキにぶら下がっての食料の買い出し……等々、窮乏生活の体験がある。そして昭和二一年に実施された預金封鎖と新円の切り替えという経済的困難などあったが、しだいに経済は復興し、電気冷蔵庫やエアコンも普及し、高度経済成長期を経て、ほとんどの家庭が乗用車を持ち、日本は世界が注目する経済大国にまで成長できた。これは非常に有り難いことで、戦後を体験してきた者としては夢のようなことであった。その途中オイルショックに遭遇したり、リーマンショックという経済攪乱などを受けながらも、昨今までの爛熟期を迎えた。

爛熟期を迎える前までは、製産は国内で行ない、その労働力は日本人が提供することが当然の常識となっていたが、経済成長とともに高まった人件費を節約するために、賃金の安いアジア各国、とりわけ中国へと工場を移転する企業が急増した。その頃から、わが国内での物作りは衰退し、国内ではＩＴやサービス業など製造業でない企業が増える傾向になってきた。実業的な実物経済が衰退し、代わって虚業的な金融経済が頭を現してきた。そして世間全体が「前のめり」の姿勢になり、落ち着かず急ぎあわてるようになってしまった（中野剛志編『成長なき時代の「国家」を構想する』ナカニシヤ出版、三五八頁）。

今や社会全体は少子高齢化、労働力不足が心配されるのかと思ったのに、現実は失業率の増加である。そして、いい年をしながらも無職で、親のすねをかじりながら家に引きこもっている青年や壮年が増加している。いったい、これはどうしたことだろう？

戦後から高度経済成長期にかけては、しなければならないことだらけで、気付くこと、考えることは、すべて生活や社会にとって必要・必須な物事ばかりであった。学生や青年の顔つきは引き締まっており、やる気は旺盛、社会全体に成長の気運が感じられ、復興と進展への希望に眼は爛々と輝いていた。することがない、進路が分からない、などということは皆無であった。

ところが大勢の懸命の努力によって経済成長が達成できてしまったら、学生たちは宙に迷うようになりだした。もちろん彼らは終戦直後の悲惨な状態を知らない。生まれ落ちたときはすでに豊かな日本であったわけだ。各家庭にはエアコンも乗用車も普及していた。複数台の自家用車を持つ家庭も現れていた。筆者が東京工業大学で教鞭を執っていたとき、大学院生の就職斡旋で、「君は何をしたいのか？　どんな人間になりたいのかね？」との質問に対して、答えは「分かりません」だった!?　平和ぼけとでも言うべきか、顔つきには緊張など見られず、眼はうつろで、希望に輝く頬もなかった。思うに、しなければならないことは、筆者たち、あるいはそれよりも上の年齢層の者たちが全部やってしまって、今の若者が為すべきことを取り上げてしまったのではないか？　必死に頑張って経済成長を遂げた暁がこんなことか？　筆者は経済成長したことは悪かったのかとさえ思った。

その後間もなく筆者は満六〇歳で停年退官になったが、それから約二十数年、今日はまさに成熟ではなく爛熟である。とにかく物があり過ぎる。開き直って言えば、本当は不必要な物であっても、それを必要な顔をして生産・販売しなければ、ＧＤＰ（国内総生産）が向上せず、経済が回っていかないとでも言うかのようである。パソコン類に至っては、半年毎に新型が生まれ、それに応じてソフトも改新され、手もとのパソコンがまだ健在なうちに買い換えざるを得なくなっている。また、進歩とは複雑化の代名詞ゆえ、時代の進展とともに、あらゆる物事は複雑化してきた。複雑化は、一面、多様化をもたらしはしたものの、最近では混乱を招き始めた。大自然の顕現であるアナログ技術は追放され、人間がでっち上げたディジタル技術（第八章参照）がのさばりだした。

それでいながら、しばしば言われるように、物質的な豊かさの割には幸せを痛感している者はまれである。鬱病患者も増加し、精神科医が忙しいという現状である。人々のうっとうしい顔つきや、自殺の増加、家に引きこもりがちで、世のこと人のことなど考えようともしない覇気のない青年の増加などが、そのことを証明している。社会全体としては、高度経済成長期の真っただ中の方が、今日よりももっと幸せな風が吹いていたと筆者には思われる。筆者はこの社会現象に危機感をつのらせていたのだった。

唐木順三はその著『無常』の中で、こう言っている。「繁栄し、進歩すればするほど不安である。この繁栄、この進歩が、死への、滅亡へのそれではないかといふ不安は世界の現実なのである」と。

物質的にここまで豊かになるのには、戦後六〇年以上という長い年月が費やされている。ゆえに、その進歩向上の傾斜は非常にゆるやかであって、気にも留《と》まらない変化と言ってよかろう。すなわち、ここまでの繁栄は知らず知らずのうちに行なわれてきたのである。だから、特別に有り難いという気も起きなかろう。筆者の年齢層の者たちから見れば天国のように満ち足りた社会だが、日頃は感慨も感謝もなく、「こんなものだ」「これが普通だ」という気持ちで済まされてしまっているのではないか。

このような貧乏から金持ちへの大変化は、その間約六〇年、その変化の幅は大きかったが、しかし傾斜は非常にゆるやかであった。人間の感覚は、急な変化には敏感だが、ゆるやかな変化とか絶対値に対しては非常に鈍感にできている。もしも、終戦直後の貧乏状態が一ヶ月で急に今日の爛熟状態になったとしたら、全員幸せに泣き、大きな歓喜に飛び上がるところだが、六〇年間かかっての成長ゆえ、誰もが「これが当たり前」「こんなものだ」という鈍感さである。幸福感というよりも、不健全な、だらけた飽満感に満ちているのではないか。少なくとも筆者の目にはそのように映る。

つまり、われわれは知らぬ間に贅沢になってしまっているのである。そしてそれを有り難いと感じることもなく、日々を平凡に無感動に送ってきたと、筆者には思われるのである。

つまり、幸福感は絶対値によってではなく、変化を感じて味わうものであるようだ。たとえば風呂場で使う桶を三個用意して、それを横に並べる。そして左側の桶には冷たい水を、真ん中の桶には生ぬるい湯を、右側の桶には熱めの湯を入れておき、左手は左の冷たい水の中へ、また右手は右の熱い湯の中へ入れて一分くらい経ってから、一、二の三で、両手を真ん中のぬるい湯の中へ移すのである。すると同じ温度のぬるい湯なのに、左手は温かく感じ、右手は冷たく感じるという事実がある。

幸せというものも、こんなものなのである。問題は変化分である。今、手もとに一〇〇万円あったとしよう。これは幸福か不幸か？　この答えはどちらとも言えるのである。一万円しか持っていなかったのに、くじでも当たって急に一〇〇万円が転がり込んできたのならば、こんなに嬉しいことはなく幸せであろうが、一〇〇〇万円あったのが九〇〇万円損をして一〇〇万円しか残らなかったという場合は、さびしく不幸である。同じ一〇〇万円でも、心の状態としては天地の開きがある。今日のわれわれは、終戦直後の何百倍も金持ちになっていながら、幸福感が薄いのは、変化が非常にゆっくりだったからと言えよう。

そこへ今回の東日本大震災が襲いかかった。これは非常に急激な変化だった。このおかげで、「これまでは当たり前だと思っていたことが、実は非常に幸せな有り難いことだった」と感じられるようになった方々は多いのではなかろうか

話がそれかかった。元へもどしたい。たとえば工事現場の囲いである。元は粗末な綱が張ってあっただけだった。ついで綱が幕に代わった。そのうちに人命の尊さが叫ばれ、人権と安全が強調されだしてからは、亜鉛引き鉄板で囲われるようになり、時の移り変わりと豊かさの進展につれて、その囲い鉄板には無地の塗装が美しく施されるようになった。筆者はこのくらいで十分だと思った。だが事柄はさらに進んだ。その塗装が模様になり、景色になり、キャラク

ターさえも描かれだした。工事現場の囲い鉄板は街の景観を飾る存在までにもなってきた。

もう一つ例を挙げればテレビである。終戦直後にはテレビはなかった。筆者が初めてテレビなるものに接したのは、一九四九年の夏、大学卒業研究の一環として（筆者は大学は工学部電気学科の卒業）ＮＨＫの技術研究所へ通っていたときのことである。まだテレビ放送は行なわれてはおらず、研究所内で実験が繰り返されていた頃である。ほんの数百メートル離れた小屋の二階から送信されたテレビ電波を研究所で受信し、映像がブラウン管に映し出されるのを眺めて感動した覚えがある。もちろんカラーではなく白黒画像だった。トランジスタはまだ実用化されておらず、当然ＩＣはなく、電子回路はすべて真空管で組まれていた。

テレビの本放送が始まったのは、それから四年後、一九五三年のことだった。一九六〇年にはカラー放送が始まったが、筆者は経済的理由で、一九六四年の東京オリンピックは白黒で見た。その後カラー放送は普及し、チャンネルも増え、番組も増加して、番組表は新聞一頁を専有するまでにもなった。諸家庭には複数台のテレビ受像器が置かれるようになった。

囲い鉄板やテレビだけではなく、世のすべてが進歩し豊かになっていったので、無線関係、すなわち電波の利用も非常に広がった。その主だったものを羅列すれば、携帯電話、無線ＬＡＮ、航空や海上の通信用無線、警察・救急・防災無線、タクシー無線、各種レーダー、航空や海上の無線航行、ＧＰＳ、無線標定、気象レーダー、気象衛星、地上テレビ放送、ラジオ放送、衛星放送、リモコン用無線、電子レンジ、……と限りがないくらいである。

これらの電波の応用に際しては国の管轄下で周波数の割り当てが行なわれるが、その周波数には、その無線方式に応じたある幅が必要なのである。たとえばNHKラジオ第一放送は五九四kHz（キロヘルツ）であるが、音声をその電波に乗せて送るためには、それにプラス・マイナス七・五kHz、つまり六〇一・五kHz〜五八六・五kHzの範囲を専有しなければならないのである。この幅のことを専門用語で「側波帯《そくはたい》」というが、この側波帯の中には他の放送局の周波数は割り当てることはできない。もしも割り当てれば混信してしまって、スムーズなラジオ受信は不可能となる。

それで世の進展とともに、この側波帯をできる限り狭くする方法も種々開発されてきたが、それでも電波の周波数割り当てが進むにつれて、電波世界はしだいに窮屈になり、もうこれ以上は電波が新しくは割り当てられないところまで込み入ってきたのである。そんな状況になったとき、一番大きな顔をしてというか、悠長にというか（適当な言葉が見つからないのだが）、側波帯を贅沢に使っているのがアナログテレビなのだった。つまり満員列車の中で、アナログテレビだけは広い座席を悠々と専有していたのである。

そこで登場したのがテレビのディジタル化である。ディジタル化でテレビの側波帯を有効に使うことができるのである。だから日本中のテレビがディジタル化できれば、ぎゅうぎゅう詰

め の満員列車の中はある程度隙間が生じて、新しい電波割り当てが可能になる。これが、大騒ぎをしてまでテレビをディジタル化しなければならない、最大の理由なのである。画像がきれいになるとか、双方向通信が可能になるとかというのは、付随的なサービス上のことでしかない。また経済振興政策という見方も第一義的ではないと言えよう。

ディジタルテレビでは画面上に番組表を出すことができるが、それを眺めると、地ディジはもとより、やれＢＳだ、ＣＳだと送信形態も様々で、その各々が多数のチャンネルを持ち、番組があふれそうで、筆者としては気も狂わんばかりの様相である。

戦後育ちの人には分からないと思うが、テレビにしろラジオにしろ、早朝から夜中まで、一秒の休みもなく、のべつ幕無しに放送が続けられているわけだが、こうなったのは、終戦直後に進駐軍が来てからのことなのである。ＮＨＫが進駐軍の放送のやり方を見習ったのだった。それまでは放送にも休みというものがあった。もちろん放送局はＮＨＫだけで、民放はまだなかった。夕方の五時五五分に放送が終わると、六時の子供の時間までは放送は休みで、ラジオからは何の音も声も聞こえずシーンとしていたものだった。そして六時になると、やおら「六時になりました。お子様の時間です……」とアナウンサーの声が聞こえだすということだったのである。まさに悠長というか、物静かな落ち着いた時代だった。それが今では変わり果てて、喧噪の限りである。

そこへ持ってきてパソコン（コンピューター端末）の普及である。これはここ二〇年間くらいの間の出来事だが、研究室は当然のこと、あらゆる商店、会社、役所、事務所、銀行、病院、薬局、警察、駅……世の中一切がコンピューター化してしまった。世の中はディスプレイとキーボードだらけになった。家庭内でも一人一台以上の状況である。そしてインターネット上に飛び交う情報は玉石混淆で、天文学的な数に上る。すべての物事がパソコンの備えがあることを前提として進んでいる。所得税の申告までパソコンの奨励である。

しかしコンピューターは故障しやすく、正常に作動しておればこれくらい便利なものはないのだが、一旦不調に陥るや、列車のダイヤにしろ、銀行業務にしろ、社会的大問題の発生となってしまう。自宅のパソコンが不調を来すと、分かりづらい取扱説明書、ヘルプを開けば聞いたこともないカタカナの専門用語、超満員で話し中続きの電話での質問窓口、復旧に浪費される長くむだな時間などで、心がイライラすることになる。

これらはほんの二、三の例であるが、事柄は何も囲い鉄板やテレビや電波に限ったことではなく、極言すれば、社会全般のあらゆる物事がこうなのである。そこに住むわれわれは、知らず知らずのうちに、大変な贅沢を「当たり前だ」と感じるように、贅沢不感症になってしまっていたと言えるのである。

そこで心配なのは、「果たしてこのまま伸びていって良いものか？」という反省である。資源枯渇の問題もある。炭酸ガス増加による温暖化の問題もある。筆者の気持ちは、正直なところ、「もうたくさん」というところである。満ち足りている、と言うよりも、大ご馳走を食べ過ぎた後の胃腸の飽満感にも似ている。もったいないけれども、苦しいので、できたら吐き出したいくらいだ。

ところが、である。三月一一日の大震災で事情は一変した。有り余った物質文明に毒され、ぼーっと寝ぼけていた日本社会全体が、未曾有の大震災というこん棒で一発たたかれて、シャキッと活が入った感じである。若者もしっかりしたように思われる。これは筆者の誤認であろうか。感謝とか、有り難いとか、被災者のためにとか、頑張るぞとか、という類の言葉が、若者の口からほとばしり出だしたと感じたのは筆者だけだろうか。大災害に見舞われて、若者から平和ぼけが抜けたようだ。被災地では、学校で学ぶことができる喜びを少年少女たちが口にしだしたわけだが、それは被災地だけの現象か。被災地以外では学校へなんか行きたくないという登校拒否は依然として見られるのだろうか。

ともかく。日本社会は三月一一日に覚醒した！　被災された方々に対しては、言うのがはばかられるが、この覚醒を、国全体への天からの警告だったとして活かさないわけにはゆかない。

貪欲論と吾唯足るを知る

ところで、ただ生きてゆくだけならば、宗教は要らないが、どう生きてゆくかとなると、宗教が必要になる。そこで、仏教の智慧を借りることにしよう。

仏教に六趣《ろくしゅ》（六道とも言う）という概念がある。これは、人間社会や人間個人の悪いあり方を、どちらかと言えば精神面から、六種類に分類したものである。それは、地獄《じごく》・餓鬼《がき》・畜生《ちくしょう》・修羅《しゅら》・人間《にんげん》・天上《てんじょう》の六つの境涯を言う。

地獄：これについては説明の要はないであろう。東日本大震災や福島原子力発電所事故など、地獄の典型である。外側的（物資的）にも内側的（精神的）にも大地獄だ。

餓鬼：これは、貪る欲望が限りなく増大してゆく境遇で、後に説明するように、欲しいものが得られてもさらにもっと欲しくなり、止まるところがなく、ついには爆発する状態を言う。つまり満足を知らぬ貪欲に心が占領されている状態である。最近の経済発展など、この気持ちが強く作用していると思われる。

畜生：これは、人間でありながら智慧が全くなく、物事の道理ということが分からない状態のことである。

修羅：これは、はげしい戦場の状況である。たとえば、二〇〇一年九月一一日に起きた、アメリカ同時多発テロ事件で、航空機が突っ込んで破壊されたニューヨークの現場などはその例である。また、そのような激烈な物理的殺傷・破壊でなくても、精神的に、利己心と利己心とがぶつかり合って争っている有様は修羅である。だから見方によっては、われわれ人間の生存競争は一面修羅とも言える。

人間：人間というのは、上記四つの心理状態をある程度は持ってはいるが、良心があるので、それが暴走せぬよう適当にコントロールしている状態である。しかし、時によってはそのコントロールが外れて、道を踏み外すこともある。要するに、修行などによって内面的なものを磨き高めようとする努力をしていない、普通の人間の状態を言うのである。

天上：これは、環境も、家も、部屋も、調度品も、装身具も、食事も、酒も、贅の限りを尽くしているような栄耀栄華の状況を言う。歓喜の絶頂であって、人間一般から見ればこれ以上の幸せはないように見えはする。しかしこれは、精神的に悟りを得た上に築かれた盤石で永続的な幸せではなく、迷いの楼閣の上での喜びなのだから、何か具合の悪いことでも起これば、直ちに地獄へでも、餓鬼へでも、修羅へでも転落する、はかない一時の砂上の楼閣なのである。要するに本当の深い幸せではない。それこそ最近までのわが国の爛熟は、かなりの部分、この天上だったと思われる。読者にはぜひ、この天上というのは理想状態ではないということに目を開いて頂きたい。

経済成長と言えば聞こえはよいが、物質的に満ちあふれたこの社会は、仏教的に観れば実質は好ましくない天上なのである。

われわれ人間は、心を整備せずに野放しにしておれば、前記の六種類の状態をぐりぐり回りして、苦しみ悩みが消え去ることはない、というのが仏教が説くところである。事実、天上の贅に浸っていても、株価変動の大波が来れば、たちまち餓鬼となる。社会はある角度から見れば、食うか食われるかの生存競争の戦場だから、修羅も味わうことだろう。

ところで、前記のようなわが国の最近の一般状況は、六趣にしたがえば「天上」と言える。この天上状態は、社会をあげての前進前進また前進の努力によって得られたものではあるが、今や反省すべき時が来たと言えるのではないか。すなわち、前記のように飽満状態にまでも達した物質的な伸び（進歩）はもうこれくらいで満足しておいて、努力の方向をまだ不十分な精神面の進展（それを「退歩」と言うのであるが）の方へと転換すべきだと熟慮するのである。

この際一番切実に求められるのは、われわれ人間の物欲に関して、悪性である「貪欲」というものを、善性の「足るを知る心」に切り替えることなのだ。

以下この「貪欲」と「足るを知る心」について解説する。

腹が減ると食べ物が欲しくなる。すなわち食欲である。これはわれわれ人間にもあるし、犬にも、ライオンにも、蛇にも、魚にも、あらゆる動物にそなわっていて、これがあるからこそ動物は生きてゆけるのである。自然はそのように作られているわけだ。

この食欲が湧くと食べ物を食べるのだが、体が健康なときは、食べるにしたがって食欲は減り、腹がいっぱいになると満足して、たとえ美味しいご馳走であっても、もう食べたいとは思わなくなる。つまり食欲が満たされると、心は満足し、食欲は消えるようになっているのである。ここが大切な点で、自然界に住んでいる野生の動物はみなこうなっていて、食べ過ぎて苦しむということはない。こういう欲望が「足るを知る欲望」である。これは毒ではなく、生きていく上で大切な欲望なのだ。

だがわれわれ人間は、時としてそのあたりが狂ってきて、食べ過ぎということをする。食べ過ぎると胃が苦しくなる。大好きなご馳走が多くある場合などには、食べ過ぎをしやすい。腹がいっぱいになっても、食欲が消えないか、あるいは、もったいないからみな食べてしまおうという気が起きて、無理に食べるからである。

しかしその程度のことならば、一時は苦しかろうが、胃薬でも飲めばいずれ治ってしまう。しかしここで考えてみよう。われわれの食欲の傾向が、仮に前記とは逆だったとしたならば、人間は飢え死にするか、それとも腹がパンクして死ぬかのどちらかで、結局は全員死んでしまうことになるのである。

それは、腹がすいている時は食欲がないので食べたくはなく、食べないから腹はぺちゃんこになる。そうなると、さらに食欲はなくなりご馳走を眺めてもぜんぜん食べる気もしないということになるので、ついには飢え死にするのである。

あるいはその逆に、食欲がないのを我慢して少し食べたとしよう。すると食欲が湧いてきて、もっと食べたくなり、どしどし食べるのですぐに腹はいっぱいになる。しかし満足せず、さらに食欲が出るので、猛然と食べることになり、止まることを知らないわけだ。満足などなく、食事に対する不満はつのる一方である。そしてむちゃくちゃな食べ過ぎの結果、腹がパンクして死んでしまうことになる。このパターンの欲望は危険な「爆発型の欲望」で、これを仏教では「貪欲」（濁らずにトンヨクと読む）と言うのである。この欲望が恐ろしい毒であることは、この例でお分かりになったと思う。要するに欲望のガンである。悪性である。

この「貪欲」と「足るを知る欲望」とをグラフで描いたものが図12である。「足るを知る欲望」は右下がり、「貪欲」は右上がりのカーブになっている。

今は、狂った食欲を例に、「貪欲」という悪性のガンのような欲望を説明したが、食欲というものは本来そういうものではなく、「足るを知る」という善性のものなのである。しかし、人間だけが持っている欲望だが、金欲、物欲、名誉欲などは「貪欲」になりやすいのである。「貪欲」は常に、もっと欲しいという欲求をつのらせ、終わりには必ず破綻が待ち構えている。

ついこの二〇〇八年九月に、米国の証券会社リーマンブラザーズが六四兆円もの借りを作ってつぶれ、その影響で世界中の経済が危なくなり、日本でもいくつもの大会社が赤字を出し、

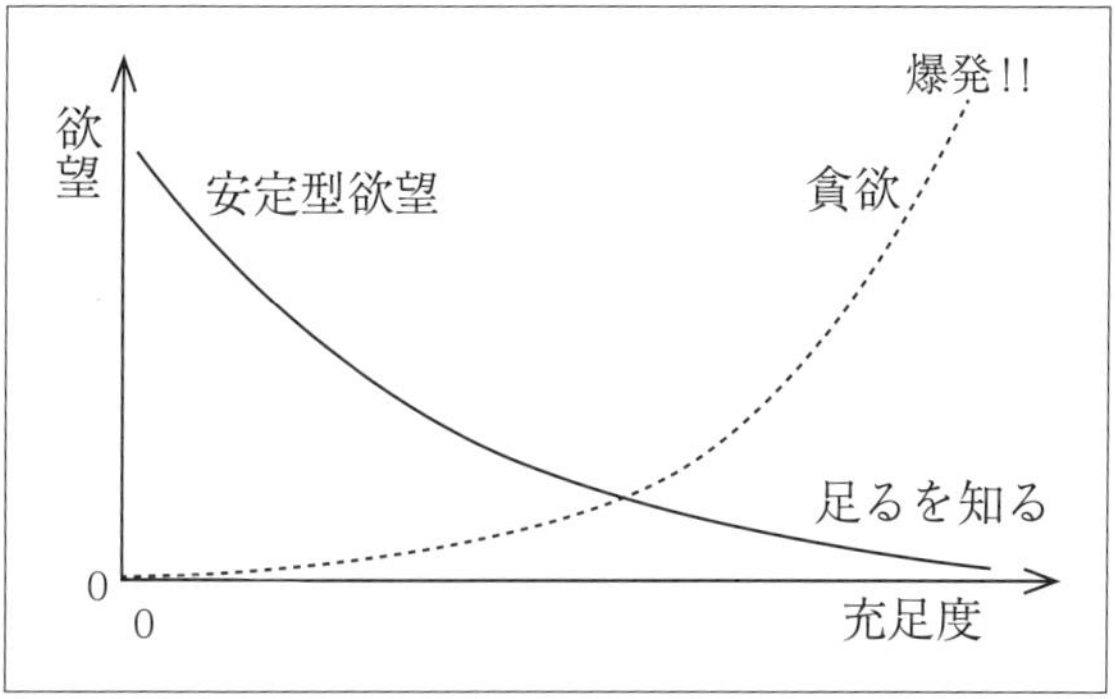

図 12　自然な安定型欲望と爆発型の貪欲

中小の会社ではつぶれたところも多く、職を失った人たちが町にあふれた。これなど証券会社の金欲という「貪欲」によって、破綻が起きた代表例である。

ここまで稿の執筆を進めたところへ、ライブドア事件の堀江被告の最高裁への上告が退けられ、収監される見通しというニュースが入った。これも金に関わる貪欲の代表のようなものである。

また物欲は、ある意味では便利の欲望とも言える。八〇年ほど昔の昭和の初めには、電話はどの家にもあるというものではなく、数軒に一本の電話という状態だった。だから当時は「呼び出し電話」と言って、電話がないAさんは、電話があるBさんの家（○○○番）に頼んでおいて、Aさんは名刺には［呼び出し○○○番」と書いておき、かかってきたら、BさんがAさんの家まで走って「Aさん電話ですよ」と呼びに来てもらうという状況だったのである。今日では考えられないことだが、それでも電話は便利なものだった。

それがどの家にも電話が引かれるようになり、大いに便利になった。今では電話機はFAX兼用で、しかも親子式になり、携帯電話に至っては、写真が撮れ、話すだけでなくメールで画像をやりとりするのが当たり前になってしまった。しかしその便利さの裏で、廃棄される携帯電話機は山のようにあるではないか。それでいながら、電話会社やメーカーは競争で、より便利な電話機を考案し、製作し、販売している。


電話はたしかに非常に便利で大切な良いものである。これなしには世の中が成り立たなくなっている。しかし気が付いてみれば、今では完全に図12の貪欲カーブに乗っていると思われる。人間はそろそろ「便利はもうこれで十分だ」と満足しなければ、そのうちに何か破綻が来るか、壁にぶつかってしまうだろう。はじめは薬だった電話だが、それが毒に変わってきたと憂慮される。薬も飲み過ぎれば毒性が現れる。このことは第四章の「三性の理」で詳しく述べたところである。

筆者は確信を持って言おう。

「今日の文明の危機は、すべてが、図12の貪欲カーブになってしまおうとしているところにある」と。要するに社会がガンにかかっているのである。

感謝の心とひとりでの節約

ところで、そのような理屈は理解できて、「貪欲」は危険だから「足るを知る」ことに切り替えようとしたとき、理性だけを頼りに行なおうとすると、我慢という無理が生じ、長続きしない。我慢は本能の勃興を理性が押さえつけるわけだから、自分の体内が二分し抗争するので、第二章で述べた「一つ」の原理に反することになる。そのうえストレスが蓄積して身体に良くない。

「足るを知る心」というのは、食欲を例に取れば、食べたいのを我慢して生じているのではなく、満腹になれば心の底から感覚的に食べたくなくなるのである。欲を押さえ込んでいるのではなく、満たされたがゆえに欲が消えてしまっているのである。ゆえにわれわれは、金銭・物品・便利・名誉などの欲望を、食欲のようにある程度満たされれば消えるように、さらには程度を超えると苦しくなるように計らうのが賢明ということになる。どうすればそれが可能になるのか。

二〇〇五年二月に毎日新聞社の招聘《しょうへい》で来日した、環境分野での初のノーベル平和賞受賞者であるケニア女性のワンガリ・マータイさんが、日本語の「もったいない」に感銘を受けたということは周知のところであろう。「もったいない」は、Reduce（ゴミ削減）・Reuse（再利用）・

Recycle（再資源化）の3Rにさらに Respect（畏敬）を含んだ内容を一言で表す素晴らしい日本語だから、これは「MOTTAINAI」として世界に広めるべきであるというのである。

日本の「もったいない」の根底には、長いわが国の歴史に鑑みると、仏教の影響が大きく影響していることに気付く。仏教はわが国に千数百年の昔に伝来以来、われわれの性格、ものの見方を深く培ってきた。そして、日本人は宗教には無関心だと言われるようになってしまった今日においてさえも、われわれ自身は気付かないでいるのだが、われわれの心の根底に影響を与えているのである。もちろん仏教以外にも、儒教、神道、キリスト教ほか種々があったが、それらは仏教に比すれば、日本人の考え方への影響の点では影が薄いと言ってよかろう。

では仏教は「もったいない」をどうとらえているのか。それに答えるために、仏教が「物」というものをどのように考えているのかを次に示そう。

仏教では「仏性」（ブッショウと読む）というものを非常に重要視する。この仏性とは仏になることができる性質のことで、宇宙のすべての存在が有していると説く。目には見えないが、われわれ人間をも含めて、この天地のすべてを作り、またそれらを動かしている「宇宙のハタラキ」というものがあって、これは宇宙の至るところに遍満しているという。物理学で言うエネルギーに相当するもので、真空の中にも存在する。仏教ではこのハタラキを限りなく清く尊く聖なるものと観て、これこそが本当の仏である（法身《ほっしん》の仏）として尊重する。ゆえに、このハタラキによって作られたものにはすべて――人間だけでなく、石ころにも――「仏性」が内蔵されているとして尊重するのである。

一般に経済生活において考えられる「物」というものは、人間の欲望充足の手段としての「物」である。つまり、人間の生活のために「物」を利用するということになっている。ゆえに、人間が「主」であって、物が「従」になっている。

この欲望充足の手段という立場から、さらに進んで「物」は資本増殖の手段にもなってきた。とくに財テクブームが現れてからは、このことは顕著である。

このような経済観においては、「物」は金に換算できる貨幣価値または使用価値として計算の対象となっている。

だが仏教では、「物」は計算の対象としてではなく、合掌の対象とする。それは上述のように「物」にも「仏性」が内蔵されているからである。もちろん仏教でも、「物」を使用し、消費するわけだが、その「物」に無限性と絶対性を認め、その無限性と絶対性を「仏性」として把握するのである。すなわち、物と自己とが平等の立場・次元にあるとするのが仏教的立場なのである。

この姿勢は、「もったいない」が派生してくる根本となっており、これが千数百年の歴史を通して、日本文化に大きく影響してきたのだった。たとえば、

鑑古鑑今活路通（古に鑑み今に鑑みれば、活路が通じる）

という格言がある。これは行き詰まったとき（今）には古に鑑みれば活路が開けるという意味である。そこで昔を尋ねてみると、「吾唯足るを知る」という諺に出くわした。古人にはちゃんとそういう知恵があったのである。これはまさに図12の「足るを知る欲望」である。漢文で書けば「吾唯足知」となるが、この四文字にはどれにも□の部分があり、それを共通にして面白くデザインしたものを写真1に示す。これは、和式庭園の石造りのつくばい（手洗い鉢）などに、しばしば見られる図案である。

ゆえにわれわれは前記の格言に従って、「物」を拝む姿勢を取りもどそうではないか。そうすれば、尊い「物」によって生かされているという感謝の念が湧き、「物」にいのちがあることが実感できるまでに精神が向上する。

さらに、「物」が発している無言の声を聴くまでに心が練り上げられ、「物」と無言の会話もできるようになる（これについては、章を改めて詳述する）。繰り返すが、すべての「物」は「宇宙のはたらき」によって作られて今そこにあるのである。したがってすべての「物」――

写真１　吾唯足知

石ころ一つに至るまで――の中には真理が入っている。つまり「仏性」が内蔵されているのである。もちろんそれらは、耳の鼓膜を振動させるような音波は出さないが、真理という声なき声を発しているのである。問題はその声を聞くことができるかどうかだ。たとえば蝶番《ちょうつがい》がきしむ音がしたら、「油が欲しい」という声が聞こえるではないか。そこで一滴油を差してやると、きしみ音は消える。蝶番は「有り難う」とか「ああ美味しかった」とかと応えてくれる。これなどは一番簡単で初歩的な「物」との会話なのである。それは心の練り上げの程度にもよるが、このように「物」の声を聴くことができるようになると、心は本当に豊かになる。とにかく、これだけたくさんの「物」に囲まれてわれわれは生活できているからなのだ。たとえ家族が亡くなってひとりぼっちになったとしても、「物」とのこの会話を心得た人は、さびしくも孤独でもない。さびしいから自殺しようなどと考えるのは、とんでもないことなのだ。

人間すべては「物」の世話になって生きていられるのだから、すべての人間は「物」の声を聴く必要がある。そして無言でもよいから「物」に礼を言う。

気持ちがこのレベルまで行って初めて、捨てるということの意味が本当に理解できる。捨てるとは、ただ要らなくなったからあっちへやってしまうとか、邪魔だから外へ押し出すことではない。捨てるとは世話になった物との告別なのである。であるから捨てるに際しては、それなりの気持ちを持つべきだ。合掌してから捨てる。場合によってはお経を上げてから別れるのがよい。しかも別れるべきときには、執着なくあっさりと別れることが最高なのである。

このように心を練り上げれば、必然的に「物」の殺生がなくなり、当然無駄づかいは治まり、欲望を押さえつけて我慢するのではなく、ひとりでに満足感が湧き、余計な「物」を欲しいとは思わなくなる。これが最高の「足るを知る」姿勢である。すなわち、

「足るを知る」は感謝の心から

と言ってよい。以上は物欲を例にして述べたが、金欲、便利欲、名誉欲などについても同様で

ある。

ゼロ成長への軟着陸

経済現象、生産や労働の問題、社会の福祉、個人の幸せなどの諸関係は、非常に複雑で一冊の書物くらいではとても論じ切れるようなものではないが、何はともかく、はっきり分かっていることは、拾うにしても、捨てるにしても、地球は有限だということである。その有限を破って他の天体から資源を求めるとか、そこへ移住するとかという発想で、宇宙開発も進められてはいるが、そのような進歩姿勢だけで、事柄は問題なく進むとは思われない。

今回の東日本大震災で全国民が得なければならない大きな教訓の一つは、「自然への畏敬」だと熟慮される。人類は最近の技術開発の進展につれて、この畏敬の念を忘れてしまったのだ。そこへ大震災という鉄槌が下った。

文豪ゲーテはその著『ヴィルヘルム・マイスターの遍歴時代』の第二巻第一章で、次のように述べている（高橋健二訳著『ゲーテ読本』大泉書店、二六二〜二六三頁、昭和二四年五月）。

「生まれのよい健康な子どもは多くのものをそなえています。自然はすべての人に、一生の間必要とするものを全部与えました。これを発展させるのがわれ〳〵の義務です。往々にしてそれはひとりでに一層よく発展します。しかし、たゞひとつだれも持って生まれてこないものがあります。しかも、それこそ人間があらゆる方面にかけて人間であるためには、もっとも大切なものです。それを見つけることができたら、言ってごらんなさい。」ヴィルヘルムはしばらく考えてから、頭をふった。

彼らは適当な間をおいてから叫んだ。「畏敬です！」ヴィルヘルムはあっけにとられた。――「畏敬です！」と繰り返し言われた。「これはすべての人に欠《か》けています。多分あなた御自身にも」。

畏敬の念はゲーテがもっとも貴《たつと》んだものだった。なおこれに続いて三様の畏敬があることが語られているが、それについては省略する。

畏敬はすでにマータイさんのところで示したように、「もったいない」の条件の重要な一つである。「もったいない」「足るを知る心」「感謝の心」「畏敬の念」これらの精神状態を取りもどし増幅させようではないか。本書のタイトルにある「退歩」とは、外側の縮小は求めるが、内側の心については「発展」を促すものなのである。

さて、こうなると、当然、外側である物質的なことは、現在よりも縮退方向へ向かうであろうし、また向かわざるを得なくなると考えられる。早い話が電力である。福島第一原子力発電所の大事故を契機として、少なくともわが国では原子力発電はこれ以上増設されることはないであろう。また現在点検停止中のものの再稼働もどうなるのかおぼつかない雰囲気だ。天然ガスを使ったガスタービンによる火力発電所や、風力・地熱などの自然エネルギーによる発電所を増設してゆくとしても、電力不足が解消されるとは考えられない。今年の来るべき夏をピークとして、われわれは節電に甘んじなければならないだろう。いや、上説にしたがえば、不満を抱きながら甘んじるのではなく、感謝や畏敬の念によって少ない電力に満足することである。

事実、節電が呼びかけられてから以後、街や家庭は以前よりも薄暗くなり、いくらかは不便にはなったとしても、それでなんとかなっているではないか。そこで気付いたのだが、たとえばデパートの化粧品売り場や宝石売り場のような、ガンガン、ピカピカの照明は消えたが、その薄暗さでも、悲惨だった終戦後よりもはるかにましだと筆者には思われた。慣れてしまえば、これでもよいのではないかとさえ感じた。

たとえばトイレの手洗い後のハンドドライヤーの類は要らないとも言えるものである。メーカーがつぎつぎに便利な新製品開発にしのぎを削り、またユーザーがそれを採用した結果、世は贅沢になり過ぎた。しかもそのほとんどは電気なしには作動しないものばかりである。あるメーカーがゲーム機を何千万台か世界中に売ったが、そのようなものが人々の健全な福利に本当に不可欠であるのかは疑わしい。それはむしろユーザーのためというよりも、メーカーへの投資家の利潤のために、何か新規なものを販売しなければならないというのが本音ではないかという気がしてならない。畏敬の念がないということは、自然を知らないということと等価である。社会一般は自然への畏敬の念を忘れ去り、人間がでっち上げたものばかりで競争するようになり、脱落すると生きていけないと恐れるからでもあろう。そして投資家は行き過ぎた投機行為に競って走るようになってしまった。経済はしだいに不健全になってきた。そろそろこの辺で後戻りしてもよいのではないか。

識者の説くところ（中野剛志編『成長なき時代の「国家」を構想する』ナカニシヤ出版）によれば、ある程度の経済成長を成し遂げた国では、過度の物質的・金銭的な豊かさは、かえって国民福利を低下させる可能性がある、という。これまでの経済政策はＧＤＰ（国内総生産）の向上を目指してきたのだが、ＧＤＰが上がれば国民は幸福になるとは限らないというのである。

また別の識者の著作（下村治『日本は悪くない』、文春文庫の神谷秀樹による序文）を見れば、「下村が言っている経済の基本は「健全性」である。人も、国も、借金と浪費に依存し、砂上の楼閣を築くような経済運営をせず、身の丈にあった健全な生活をしなさい、と説く。数字を追いかける経済運営を戒め、縮小均衡すること、ゼロ成長時代に適応できる経済運営体制ないと説く。人口が減少し始め、資源に限界があり、環境問題に配慮せずにはいられない現代日本において、これは当たり前のことである」とある。

拝金主義というべきか、これまではGDPの向上こそが善で、ゼロ成長やマイナス成長などはあってはならない悪だということが当然の無言の前提となって、経済界は動いてきたように筆者にも思われる。そして先刻までは筆者も、それが真理だと思っていた（思わされてきた、と言うべきか）。だが、三月一一日の東日本大震災で目が覚めた。それは真理ではなく成長偏執病、すなわち貪欲だったのだと。

ところで社会全般に強固に根を張った考え方や存在というものは、簡単に変えられるものではない。貪欲に根ざした拝金主義もそうだ。たとえ自分一人がそう思っても、世の中の慣性は極めて大きく、社会の大手術でもしない限り変えられない。何党が与党になろうと、政権が交代したくらいではとてもだめである。国家自らの手では変えられないのではないかとさえ思われる。たとえば、明治以来富国強兵で培ってきた日本軍の暴走は、国民一〇〇〇人や一万人の力ではどうすることもできず、いや、手が付けられず、敗戦という有史以来の憂き目を見て、しかも日本人自身によってではなく外国の手によって、ようやく日本軍隊は壊滅したのだった。そのように、成長偏執病の治療も、今回の大震災のような外からの凄い力によらなければできないのかもしれない。

とは言え、実際問題として電力一つを取り上げてみても、家庭や商店や事務所などの節電はよいとしても、節電によって生産工場の生産をにわかに縮小したのでは、経済が混乱し、ひいては、国民福利に影響を及ぼしてしまう。医療についても同様である。CT・MRI・超音波装置・放射線治療機・手術室の諸機械……すべて電気なしでは使えない。そして医療は後退するわけにはゆかないわけだ。

社会は実に多くの要因が関係し合い、絡み合って成り立っているのであるから、ゼロ成長へ向かうとしても、急激なことは不可能である。離陸よりも着陸の方が、また前進よりも退却の方が難しいのである。失業者を増やさず、廃業・転業を円滑に進めてゼロ成長に軟着陸させる政策が求められるわけだが、これは国家的な一大事業になるのであって、(無責任な発言をしたようではあるが) むろん筆者一人の手に負えるような小さなことではない。が、ともかく、遠からずしてその必要性が顕現することは間違いないと考えられる。

第六章　物の心を察する、物との会話

「物」に「仏性」を認めるということは、「物」の心を知るということでもある。そこで本章では、まず「物」の心を察するということの具体例を挙げ、終わりには耳新しいと思われるだろうが、「物との会話」についての管見を披瀝したいと思う。

トイレにドアは不要、掃除機は見えるところへ出しておけ

筆者の先輩に、すでに他界されたが、池邊陽《いけべきよし》という住宅建築を専門とされた先生がおられた。その先生の思慮の深さは凡慮を絶し、凡人には風変わりとさえも見えた。先生は住宅・家具・道具などと人間との関係について、一般のわれわれにはすぐには理解しかねるほどの非常に深い哲学を持っておられた。

たとえば、池邊先生はトイレにドアを付けることを嫌っておられた。もちろん仕切りを巧みに使って、用を足すのが丸見えになるようなことはなかったが。

またかつて電気掃除機が普及し始めた頃、筆者が「これからは掃除機を収納しておくスペースを押し入れや納戸に作らなければなりませんね」と言ったところ、即座に「いや、掃除機は外に出して、いつも見えるところに置いておくのがよい」と答えられて、筆者はその意味が分からず、キョトンとした覚えがある。

さらにあるとき、「森君、人間が住む家は少し雨が漏った方が良いね。だけど豚小屋や鶏小

屋は漏ってはいけないね」と静かにぽつんと言われたことがあった。筆者は面食らった。これは、浅く考えただけでは、人間尊重の姿勢として、逆さのように思われる。普通は雨漏りがするような家は不良家屋だと思っている。そして、どうせ殺して食べてしまう豚や鶏の小屋なんかは、少々雨が漏ってもかまわないというのが常識だろう。

先生は当然、人間の教育に関しても深慮がおありになり、すぐには答えを教えず、相手に考えさせることが大切だという姿勢を持っておられた。だから「えっ！　どうしてですかっ？」と聞き返しても、先生は「ふふん」とおっしゃるだけで、そのわけを分かりやすく解説して下さるということはなかった。先生は答えを保留して、おまえ自分で考えよという姿勢だった。ゆえに、先生のたった一言で、筆者は二ヶ月間も考え苦しんだことが何回もあった。

私はこの雨漏りについての常識外れの発言の理由を、自力で考えないわけにはいかなくなってしまった。もちろん、そこで考えることを放棄して、なんだか分からないことを言われる変わった先生だな、ぐらいで済ませてしまう手もないではない。だがいやしくも、こちらも学究の徒である。答えを教えてもらえないから、その分余計に食いついて、なぜだろうと考えざるを得なくなるような気になってしまう。いわば私は、池邊先生に考えるべく追い込まれてしまった格好になった。だから、トイレのドアや掃除機の問題とともに、この雨漏りの件は、筆者には長期にわたる謎として、心底に残ることとなった。

わずかに話はそれるが、またあるとき、先生は二軒の住宅の設計を引き受けられた。でき上がってみると、なんと、それらの家は新築であるにもかかわらず、電気配線が壁の外にむき出しになっているという設計になっていた!? こんな家が売れるのか? といぶかられたのだったが、それがすぐに二軒とも売れた。しかも興味深いことに二軒とも飛行機のパイロットが買ったのだった。一軒は日本航空のパイロット、もう一軒は全日空のパイロットだった。もちろんこれは偶然の結果であって、両者が「あそこの家は良いから買おうじゃないか」と飛行場で相談して買ったのではなかった。

これはこの二軒の家にパイロットを惹きつける何かがあるに違いないと、先生は両人にそのわけを聞きに行かれたところ、両人とも異口同音に「この家は操縦席にいる安心感がある」と答えたという。周知のように飛行機の操縦席には、エンジンをはじめ翼、脚、エアコンに至るまでの、その飛行機のすべての状態が分かるように各種の計器やディスプレイがずらりと並んでいる。パイロットはその表示を通して飛行機の安全を確認しながら飛んでいるわけだが、この感覚が自宅にも当てはまったのだった。普通は電線は外に出ているとみっともないということで、壁の中で配線してあり、スイッチ・コンセント・照明器具だけが外に出ている。これでは、スイッチと電灯やコンセントとの対応関係が、いまいちはっきりしない。しかし配線が壁の外に出ておればその対応関係は直感的に分かる。その点をパイロットたちが気に入ったのだろう。

実は、この話は本章の筋からは多少ずれたものではあるが、興味あることなのでここに挿入したわけである。しかしこれに関係した電線については、本論として後で論じたい。

念・忘・解で解けた

ところで、解けないまま問題意識として心に留まっている難しい問題は、心の深層で知らぬ間に熟成してゆき、あるとき卵が孵化するようにパッと解けるものである。このことは第四章の「問題意識と「念・忘・解」」のところで論じた通りの経過である。

池邊先生から筆者に与えられたいくつかの難問、すなわち上記した、「トイレにドアは不要だという問題」「電気掃除機は、隠し込まずに見えるところに出しておけという問題」「人間の住む家は少し雨が漏った方が良いという問題」「電気配線を壁の外にむき出しにする設計という問題」は、その「念・忘・解」のプロセスを通して、先生の死後ではあったが、あるとき全部が一度に解けたのだった。それを以下に述べよう。

先生は、人はもとより「物」も非常に大切にされた方であった。とりわけ下積みの立場にあるものには哀れみ深かった。この点に気が付きさえすれば、前記諸問題は全部解ける。

先生が他界されたのは一九七九年だったが、それから時は流れて一九九五年、阪神・淡路大震災が起こった。多くの避難所で翌日早速大問題になったのは、トイレの不足だった。緊急時には、美麗な絨毯や高価な絵画など不要である。とにかく便器が最優先に不可欠だと思い知らされた。これでようやく池邊先生の謎を身にしみて分からせてもらえた。家庭内で一番必要であるにもかかわらず、もっとも嫌われている家具は便器である。だからそれを押し隠すのではなく、きれいに掃除して見えるようにしてやって、人間は日々便器に感謝するがよい。トイレにドアを付けないという設計は、こういうことだと解釈して間違いはないという確信が、筆者には得られた。

電気掃除機についても同様である。掃除道具というものは、わが身を汚してでも人間の住まいを美しくするという犠牲的精神の持ち主である。仏教的に言えば、わが身を省みず、自分のことは後回しにして他を救う菩薩の姿勢である。見方によっては崇高な存在である。だから押し入れや納戸に押し込まずに、表に出しておいて、日々拝むがよいということだ。

では、雨漏りの件はどう解釈すればよいのか。それは第一章で述べたプロセスの意義が分かれば解ける問題である。住宅で雨漏りがあったのでは当然困る。それでももしも雨漏りがすれば、そこに住んでいる人間はその雨漏りを修理して止めようと努める。だが雨漏りの原因点を突き止めることは容易ではない。たとえば、天井の真ん中の電灯のあたりからぽたぽたと漏ってきたとした場合、その真上の屋根に穴が開いているわけではなく、思いもよらない遠くの箇所に原因があり、雨水はそこから梁などをずーっと伝わって天上の真ん中まで来ているということが多いのである。それで、この雨漏りの原因を究明する行為、すなわちそのプロセスが、人間を育て自分の家に対する愛情を深めるというのが、池邊説だったのである。先生は、住宅は、そこに住まう人々が休養を得て元気を取りもどすとともに、住宅によってより素晴らしい人間に育ってもらえるようにという願いを抱いて設計しておられた。鶏や豚には、原因追及とか修理するなどといった能力がないから、彼らの小屋では雨漏りがあってはならないというのである。

電線むき出しについては、次節で論じる。

電線は隠すな

先に、電気配線を壁の中に入れず、外に出しておいた方が、飛行機のパイロットには受けが良かったという話をしたが、池邊先生のそのような設計の本意はもっと別のところにあったと筆者は考えている。

東日本大震災とそれに引き続いて実施された東京電力の計画停電で、前章でも述べたように、一切合切が電気で動いている今日、言語に絶する不便を味わった。もちろん電灯が点かないだけではない。ガス器具までもが電気なしでは動かない。飯は炊けず、冷蔵庫の中身は腐り、エレベーターはストップし、病院での手術は途中で中止となる。テレビは見えず、大切なニュースや地震の情報も得られない。それどころか工場での生産までが止まってしまう……。「そのように大切な電気を運んでくれる電線を、われわれはなぜ醜いと嫌うのか。君には電線の気持ちが読めないのか。家具や絨毯を美しく作るのと同じように、どうして電線の外見を美しくしてやらないのか。文明の大恩人である電線を嫌うその心に、文明を敵に回す元があることに気が付かないのか。電線は見えやすい場所に配線して、日々感謝の念を持って拝むがよい……」このように先生の声が聞こえてきた。

電線メーカーに直言したい。電線が見えている方が、より部屋が美しくなるような電線、電線が喜ぶような電線およびその付属品である止め金具を開発・製造してほしい。値段は高価になってもかまわない。コストだプライスだとは言いながら、絨毯や家具や絵画には金をかける人が多いのだから。それどころか前章でも述べたように、工事現場の囲い鉄板にまで美麗な塗装を施す昨今である。電線を美しくし、電線が外に出ている方が、より部屋が美しく上等に見えるようにすることくらい可能ではないか。(これに関し筆者は、街の配電線を地中に埋めて、景観をすっきりさせること、そのことにはあながち反対ではない。地中配線だったならば、今回の震災においても被害は少なくて済んだのではなかっただろうか。問題は、埋める心にある。電線が見苦しいから押し隠すのではなく、保護するためならば賛成である。「退歩」

の立場からすればこのような発言になるのである。）

またこの際、こういうことも意識すべきだろう。

日本の船が航海中に、難破して漂流している南洋の漁民を救助し、日本へ連れて帰ってきた。その漁民を母国へ送還するまでの間は、ホテルに宿泊すべく計らわれた。いよいよ帰国という日が来たので、その漁民に「土産に何か欲しい物はないか?」と尋ねたところ、彼は洗面所の蛇口を指さして、これが欲しいと言った、ということだった。

水道を知らぬ彼には、蛇口という金属製の小物は、ひねれば、無限に水が出てくる魔法の器具に見えたようだった。彼には蛇口の背後にある配管や、そのさらに奥にある膨大な水道システムや浄水場など、考えも及ばないのは当然だった。

だが、われわれは彼を笑うことはできないと思う。われわれは毎日蛇口の背後にある水道システムを意識しながら、水を使っているだろうか。たいていは彼と同じように、ひねっただけでいくらでも水が出てくることを当然と思いながら、使っているのではなかろうか。このようなシステムでは、使っている者は「有限」という感覚を持たなくなる。この点が問題なのである。

ビンや大鉢に水を汲み溜めておいて、使うときにはそこからひしゃくで一杯ずつ汲み出して使うという昔流のシステム（言いようによっては、このシステムは「退歩」である）ならば、

「なくなってゆく」という感覚が常につきまとうので、おのずから大切に使う。それが連続的にどしどし出てくる進歩的システムだと、ついついたくさん使ってしまう（とは言うものの、清潔で衛生的な手洗いは、なんと言っても蛇口から流れ出る水で洗うことが肝要である）。ビールは目下は缶とかビンで買ってきて飲むという退歩的システムだが、これが家庭の蛇口からいくらでもビールが出てくる進歩的システムになったとしたら、ビールの消費量が増えること間違いなしである。もっとも銘柄毎に配管するのは不可能だろうが。

電気の場合も同様であろう。今回の計画停電で初めて万人の意識に上ったのだろうが、われわれはコンセントの背後にある膨大な発電・送電・配電システムのことなど意識しないで、コンセントからはいくらでも電気が流れ出てくるものだと安心し切って電気器具を使っているのではないか。乾電池やバッテリーから使う場合とは感覚を異にしていると思う。とにかくこれからの退歩時代では、「万事有限」という気持ちを持ちながら、何でも使っていくことが大切になってきた。

摩耗してゆくことが完成へ向かうこと——新品は未完成

道具をはじめ色々な物について言えることだが、新品を購入して使用しだす。この時が一〇〇。使用するにつれて、汚れ、傷つき、摩耗して九〇、八〇、七〇と点が下がってゆく、と一般には考えられているようである。

ところが、このような価値基準を持っていたのでは、二一世紀は乗り越えられそうにないことが分かってきた。すなわち価値基準を退歩的なものに改める必要が生じた。

ところで、人は完成状態を理想状態と認めるのが常である。だから努力して、完成へと向かって一歩一歩近づいていく。

だが、完成に達した後はどうなるのか。普通はそこで、完成状態を維持しようとする保守姿勢が顔を出す。しかし、すべては常に変化する。諸行無常は真理だから、人為的なものである保守などは太刀打ちできるレベルのものではない。してみれば、完成直後からの変化は、衰退しかないことになってしまう。

つまり、向上と完成との矛盾である。進歩向上が常なのならば、完成ということがあってはならないのが理であるが、完成こそが向上の目標ではある。

ここから、完成を是とし未完成を否定する姿勢にも、完成を否定し未完成を肯定する態度にも、欠陥があることが分かる。第二章で述べた通り、禅では、このいずれの姿勢も「二見に堕す」と言って、堕落とされている。完成と向上との矛盾をかみしめ、完成と未完成を両立させ、この正反対の二つを合一してゆくところに、実に味わい深い高次元の世界が展開するのである。

ピアノに例を取ろう。楽器メーカーの工場からピアノが出荷されるとき、製品という立場からは、それは完成品である。だが、それを使う立場の人とそのピアノとの関係から言えば、買いたてのピアノは未完成品と言うべきなのである。

ピアノの練習に励む。励めば励むほど、腕は上達するが、同時に、ピアノの中のハンマーのフェルトはすり減り、鍵盤は傷んでゆく。

普通は、ピアノのこの状況は、好ましい状態から遠ざかってゆくことと見られている。その見方も間違いではない。だが人間が弾くことによって、物理的には壊れてゆく過程そのものを、ピアノが完成に近づいてゆく過程と見る見方、すなわち退歩的見地を導入しなければ、完成と未完成の矛盾は超えられない。実は、この観点に立って初めて、物と人間とが一体となって完成に向かうことが可能となるのである。

現今、この意味で未完成なまま廃棄される物がいかに多いことか。しかもそれでいながら、必要な顔をした不必要な製品が、ひっきりなしに追い打ちをかけている。とくにＩＴ関係ではひどい。資本主義の宿命だと高をくくってしまってよいものか。資源枯渇を減らすためだけにでも、完成の意義を思い直してほしい。

換言すれば、この節での主張はプロセスへの開眼である。そしてプロセスをできるだけ省略して大きな結果を得ようとする姿勢が「進歩」ならば、結果よりもプロセスに重点を置く態度は「退歩」なのである。

安直には教えない教育

本章第一節で述べた、池邊先生の簡単には教えないという教育法について、考えさせられることがある。

一九八三年一二月一九日NHK・FM・午前六時よりの放送で、キリスト教音楽に詳しい皆川達夫さんは、次のように解説しておられた。

キリスト教の音楽に、ヨハネス・オケゲム（一四二〇～一四九五）作曲のミサ曲〝エッチェ・アンチッラ・ドミニ（見よ、主のはしため）〟というグレゴリオ聖歌がある。これは受胎告知を受けた聖母マリアが、「自分はいやしい女で、神の子を宿すようなそんな者ではありません」と謙虚に述べた言葉という。

この曲で、休符の数と、実際に歌われている音の数をしらべて数え上げてみると、休符が六六二個で、実際に歌われている音が九九三となって、二対三の比率になる。

ところが、この二対三の比率は非常に重要なものだといわれている。たとえば、天使ガブリエルがマリアに告げた言葉「めでたし恵み満てるマリア（ラテン語で、アヴェ・マリア・グラチアプレナ）」のアルファベットを、Aの音節は一、Bのそれは二、Cのは三というふうに足してゆくと、アヴェ・マリアという言葉と、グラチアプレナというアルファベットが、二対三になるという。重要なものは、はじめから表には現れないで、秘められているということである。

キリスト教に限らず、宗教一般には共通して、この「隠されている」とか「秘められている」という特徴があるように思われる。

仏教でも、大切なものほど、奥深く隠れていて容易には観られない。たとえば前章で述べた「仏性」がそうである。

『法華経』には法華七喩《ほっけしちゆ》といわれる、代表的なたとえ話が七つあるが、その一つに「衣裏繋珠《えりけいじゅ》のたとえ」つまり衣の裏に宝石（珠）をつな（繋）ぐ、というのがある。ご承知の方もあろうが、話のおおまかな筋はこうである。

ある貧乏な男が親友を頼ってやってきた。親友はその貧乏な旧友にご馳走をした。彼は料理と酒で腹いっぱいになり、眠ってしまう。ところがその直後、親友は急に公用で旅立たなければならなくなり、眠っている旧友を起こすにしのびず、非常に高価な宝石を旧友に与えようと、それをそっと彼の衣の裏に縫いつけ、そのまま出発してしまう。

旧友は眼が覚めて立ち去ったが、彼は相変わらずの貧乏暮らしをして向上心を失っていた。

それからかなり時は流れて、親友はまたその男に出くわしたが、旧友の相変わらずの哀れな姿を見て言った。「なんということだ。僕はあの時、君が安楽に暮らせるようにと、高価な宝石を君の衣の裏に縫いつけておいたんだ。あの宝石は君にあげたんだ。それなのに、なぜ君はいまだにそんな貧乏をしているのかね？」と。その宝石を売れば、裕福になれたのに、彼は長い間、自分の衣の裏の宝石に気付かなかったのだった。

　ざっと、こういった話であるが、いうまでもなくこの親友とは仏を、また宝石は「仏性」を表しており、酔っぱらっている貧しい男とは、われわれ衆生をたとえたものである。

　一般論として、酔いつぶれると視覚がおかしくなって、いろんなものが見えなくなる。人の顔もはっきりしなくなる。天井が回りだすというような幻覚にもおそわれる。もちろん事柄の正しい判断などできる状態ではない。そういうことは筆者も経験済みである。

　この場合、当然のことだが、いろんなものが見えないのは、隠されているからではない。当人が酔っぱらって眼力を失っているからである。

　してみれば、先に述べた「隠されている」ということは、ひょっとすると、こっちの眼力不足で見えないものを、隠されているのだと勘違いしているのではないか。われわれ人間には、どうしても原因を外側に求める（進歩）という傾向がある。つまり、自分の眼に見えた通りが実在していると信じ込んでいて、内なる自分の眼力の点検（退歩）はせずに、外側だけを問題にして、見えないのは、それが隠れているからだというふうに解釈する。

だが事実、「仏性」のような宗教上の深遠な法ばかりでなく、アルキメデスの浮力、ニュートンの万有引力をはじめ、あらゆる科学の法則も、眼力なしには発見できていなかったのである。

だから、「どこを探すか」という外側の問題よりも、「どうやって酔いから目覚めるか」という内側のことを優先させること、つまり「退歩」して眼力の養成を重要視するのが、発見の早道ではある。いや、どこを探せば見つかるのかという、その外側の「どこ」が分かるのに、内側の眼力が要るのである。

要するに、捜し物をする時は「急がば回れ」で、しばらく坐禅をすると、すぐに見つかることが多い。非常に能率的である。忘れものなど、ほんの数十秒間心を調えるだけで、思い出すことができる。

さてそこで、である。どうして男は宝石を縫いつけてやるのに、すぐ分かるように衣の表にせず、裏などに縫いつけたのか？　それは不親切なことではないのか？　表に縫いつけてあったら、旧友にその後も長い間放浪という人生のむだ遣いをさせずに済んだはずだ。——こういった疑問を抱くのは筆者だけではないようである。

これに関して、永平寺の開山、道元禅師はその不朽の名著、『正法眼蔵』の中でこう説いておられる。

ころものうらにかかるを様子とせり、おもてにかけんと道取することなかれ。髻中頷下《けちゅうがんげ》にかかるを様子とせり、髻表頷表《けひょうがんぴょう》に弄《ろう》せんと擬《ぎ》することなかれ。（「一顆明珠《いっかみょうじゅ》」の巻より）

弄：もてあそぶ、愚弄の弄
擬：実物によく似たようになぞらう、擬態、擬装

これは「衣裏繫珠のたとえ」に加えて、「髻中明珠《けちゅうみょうしゅ》のたとえ」（ここでは説明は省略する）をも融合させて語られたものであろう。現代のわれわれには、極めて難しい言い回しと感じられるが、要するに禅師は、宝石を友に与える場合には、隠して与えるのが道であって、すぐ見えるように着物の表面に縫いつけてやるような与え方は、ふざけたことだ、とたしなめておられるのである。禅師が、わざわざ不親切を推奨されるわけはない。これには何か深いわけがありそうだ。

これを解く鍵は、すでに何度も述べたように「プロセス」にある。「退歩」である。どういうことを言っておられるのかを苦心して自分で考える、そのことによって自分が育つのである。

安直に答えを教えたのでは教育にならない。その人の考える力の「仏性」が開顕ができな

い。ただし誤解されてはまずいが、答えを保留したり教えないことが、どんな場合にも悪いのではない。そのことによって、せっかくその人が育ち向上できるのを、阻止してしまうような場合にはいけないということである。

こんな昔話を聞いたことがある。白隠禅師が夏に、木の根元で殻から抜け出そうとしてもがいているセミの幼虫を見かけられ、手助けしてやろうと、その殻を裂くのを手伝ってやったところ、そのセミは自分で飛ぶ力を発揮することができず、だめになってしまった。殻を割ろうと自力でもがくことによって、セミは飛ぶ力が得られるのだった。親切が親切にならなかった。禅師は、殺生につながってしまったご自身の（次元の低い）親切を、深く反省されたという。

親切即《そく》非《ひ》親切是《ぜ》名《みよう》親切（『金剛般若波羅蜜経』の教えの応用）
（本当の親切とは、普通に言う親切を超えたものである。これを本当の親切という）

生命あるものは動いている。固定したら生命を失っているのである。だからプロセスが大切なのだ。

分からないことを、分かるようになるまで考える——それはプロセスである。

雨漏りするのを、止まるまで修理する——それもプロセスなのだ。


池邊先生の話にもどるが、住宅というものは、人の疲れた体を癒やし、ゆらいだ精神を休め立て直し得るものでなくてはならない。と同時に、そこに住む人々が育ち向上できる環境でなくてはならない。物質的に満ち足りた今日、人々は果たして住宅の中で、とくに精神的に、向上していると言えるのだろうか？　池邊先生のご意見は否であった。

そこで、少々雨漏りがした方がよいというわけである。雨漏りがあると、そこに住む人は修理しようとする。修理ぐらい人間的な行為はないと思われる。それは一つには思いやりの心である。また雨漏りにしろ、他の具合悪さにしろ、その原因探求は創造的な行為でさえある。とくに人間に関して言うならば、体にしろ心にしろ、修理をする人が先生と尊称されていることに、一考の値打があると思う。言うまでもなく、豚や鶏に雨漏り修理を要求してもナンセンスである。

少々の雨漏りは、人に対する慈悲。

雨漏りがないのは、家畜に対する慈悲。

これが当時の池邊理論だった——というのが筆者が自力で考えた、池邊難問への答えだった。

先生は、私にその正解を教えることもなく他界されてしまった。だが私は、答えはこれでよいと確信している。いや先生は、正解というような次元の考えは超えられた方だった。とにかく池邊先生は、教えないという教え方の大家だった。

修理した方が良くなる物——弱さが人を育てる

前々節「摩耗してゆくことが完成へ向かうこと——新品は未完成」（一八四頁）の冒頭では、工場出しの新製品を一〇〇と規定し、使うにつれて九〇、八〇、七〇と価値が下がってゆくと述べた。そして普通は、故障したり壊れたりするとその価値が三〇にも急落し、修理してもどっても、せいぜい七〇くらいだと思われている。

だが、修理するとそれが一三〇にもなる物がある（あった、と言った方が当を得ているのかもしれないが）。——今日その姿はしだいに見られなくなってきたが、それは障子である。

障子を知っておられる方はご承知の通り、それはたいそう弱いものである。ちょっと突いたりしただけで簡単に破れてしまう。だから人間は、障子の開け閉めをはじめ、それを扱う場合には注意して行なったものだった。障子は、弱いがゆえに人間に丁寧な扱いを要求し、人はそれによって育てられたものである。障子を開け閉めする作法も伝承されてきたのだった。

ところが時代とともに、部屋も洋風化し、障子は減ってドアに代わってきた。また、メーカー対ユーザー意識が濃厚になり、ユーザーはメーカーに丈夫なもの、ちょっとやそっとでは壊れないものを要求するようになった。その要求に合わない弱い製品は、欠陥商品と呼ばれた。メーカーはそれに応えた。進歩だった。しかしここから、戸一つにしても、丁寧な扱いは遠のき、ドタンバタンという開け閉めが始まった。進歩によって人間はしだいに壊れてきたと言えるのではないか。皮肉に聞こえるだろうが、丈夫なものを要求するユーザーの間においても、障子だけは弱いままで、欠陥商品と呼ばれることもなく存在し続けた時期もあった。古来の伝統の力だったのであろう。

また、たしかに障子は弱い。丁寧に扱ったとしても、うっかり破ってしまうことも多かった。ところが障子で素晴らしい点は、その修理である。

進歩した今日では、修理と言ってもそのほとんどは、壊れた箇所を含む単位部分を新品に取り換えるという、交換になってしまっている。交換主義の修理とでも言おうか。その単位部分の中に、健全なまだ使える部品が付いていても、その健全部品も同時に交換され廃棄されてしまう。このことはディジタル化によってＩＣ化・ＬＳＩ化が進行した電子機器においては非常に顕著である。パソコンのＣＰＵ（中央制御用ユニット）の中のほんの一点が不具合になっただけで、そのＣＰＵはおろか、見たところＣＰＵはほんの一部でしかないマザーボード全体を

写真２　障子に紅葉

新品に交換するというのが、進歩した交換主義の修理なのである。九九％の生きた部品も、ついでに廃棄されてしまうのである。このような修理とは物の殺生のような気がしてならない。
ところが、障子の修理は全く異なる。今日の交換主義の修理だったら、一枠が破れた障子全体を新品に取り換えてしまうのだろうが、障子では破れた枠内の紙だけを貼り替えるということさえもしない。破れた部分を細い針の先などで丁寧に元にもどし、そこに色紙を紅葉の葉や花の形に切り取ったものを貼り足して破れを直すのである。すると白い障子全面の中に、その葉あるいは花が浮き立って（写真2）、見事な美しさが現出されるのである。新品で一〇〇だった障子の価値が、このような修理で一三〇にも上がるのだった。

交換主義の修理が進歩ならば、このような障子の修理は「退歩」と言えよう。だが退歩的修理の方が勝っているのではないだろうか。少なくとも今日、障子の破れの修理を見直す必要が出てきたと言える。今日、修理すると一三〇になる物があるだろうか。

物との会話と物作り

会話は人間界にだけ適用できる原理ではなく、一切にわたるのである。人のみでなく、またペットとだけでなく、実に「物」にも適用されるべき真理なのである。

第五章で、一滴の注油によって蝶番と会話できることを述べたが（一六七頁）、誰の周辺にも、もっと身近に、その恩恵を被っておりそれなしには生きられない物が山とある。たとえば眼鏡をかけておられる方にとっては、眼鏡はその典型である。筆者も眼鏡なしには生活できない一人である。もちろん毎晩就寝前には眼鏡をきれいに洗ってはいるのだが、ある時、これまではそんな有り難い眼鏡に礼を言うことに気が行っていなかったことに気が付いた。今では眼鏡を拭きながら「有り難う！　有り難う!!」とねぎらっている。

入れ歯や歯ブラシもそうだし、電気のコンセント、水道の蛇口、ガスコンロ、エアコン、冷蔵庫、茶碗や皿をはじめとする食器のすべて、食卓、机、椅子、ボールペン、鉛筆、紙、パソコン、プリンタ、あらゆる衣料、寝具……並べ立てれば切りがなくなるほどの物の世話になっているではないか。まことに豊かなことである。

実は蝶番への注油は池邊先生からの忠告で気付かされたのだったが、それを契機に筆者は物と会話することを身に付けた。いざそれができるようになってみると、眼鏡に毎日礼を言っているか？　手を洗い食器を洗うとき水に感謝の意を表しているか？　電気にも礼を言っているか？……そのような反省とともに、一切の物からの呼びかけが、迫ってくるのを感じた!!　その大きな声が聞こえた!!!　それはゴーッと響く怒濤のようなものだった。わが身を取り囲むすべての物からの声が合わさったので、すさまじいものだった。「あー、こんなにもたくさんの物の世話になって生きているのだ!!!」と痛切に感じた。それは筆者にとっては世界が一変した瞬間であった。同時に心がこよなく豊かになった気がした。第五章で述べた「足るを知る心」が一度に目覚め、本物に成長した。

「痛いか？」「満足か？」「待ち遠しかったか？」「もういやになったか？」「きつ過ぎるか？」……道具や家具をはじめすべてに、こう無言で呼びかけながら生活できるようになった。そうなってみると、さびしさというものが消えてしまった。いわゆるひとりぼっちでも全くさびしくない。たくさんの物とともに生きている実感が伴っているからだ。

以来、風呂を出るときには、バスタブと、湯と、シャワー器具、石けんに合掌する習慣になった。風呂だけでなく生活のすべてに関してそうなった。忙し過ぎるくらいである。先日歯の一部が欠けた。もしも必要になるかと思い、歯医者へ行くときその欠けた小片を持参した。しかし結局それは使わないことになったので、歯科医がその小片を捨てるときにも無言でそれに礼を言った。筆者にしてみれば、永久歯に生え替わってから七十数年間、毎日世話になった歯の一部だった。小さな告別という気がした。しかし告別はあっさりとした気持ちになるのが理想である。

近頃、「無縁社会」という言葉が流行っているが、このように物と会話するコツを身に付けたならば、それはとんでもない心得違いだということが分かるはずだ。

ところで、こういった物との会話は、日常的なものであるが、物を作っているときの物との会話は、これまた格別である。

筆者は専門は技術で、いわば物作り屋である。物を作っているときの物との会話には、工具や工作機械との会話と、しだいにでき上がってゆく作品との会話の二つある。この二つができることは技術者の資格だと思っている。

工具との会話の簡単なものは、たとえば、ねじを締めるドライバーとのそれだろう。（工場で締め付けのトルク管理をしているような場合は別だが、）小ねじのちょうどよい締め付け具合はドライバーを通して手首で感じ取る。これではまだゆるい、これ以上締めるとねじが傷んでかえって締めたことにならない。「もう止めて！」とねじの叫び声が聞こえる。誤ってドライバーを滑らせ、ねじ頭とかドライバーの先を傷めたりした場合などは、「ごめん、ごめん」と謝る。近年進歩して、電動ドライバーが普及してきたが、これを使うと手が感じ取る締め付け感覚が粗くなってしまうので、物との会話の点から、筆者は退歩調の、手で回すドライバーを愛用している。

旋盤のような工作機械を使う段になると、会話の内容はいっそう深くなってくる。バイト（旋盤で金属を削るときの刃物）に、すくい角というのがある。これはいわば刃物の鋭利さを表すものだが、これが削られる材料の物性に合わないと、うまく削れないばかりか危険でもある。すくい角がマッチしたときの切削《せっさく》感は格別である。スーッと快く削れると同時に切削表面が美しく仕上がる。こういうときの旋盤やバイトとの会話は和やかになる。「どうですか」と旋盤が言ってくる。こちらも無言で「ああ、とてもいい調子だね」と答えている。もちろん切削油という特殊なオイルをかけながら削るのであるから、切削油との会話も行なっているわけである。ダイヤモンドバイトでアルミを削った場合、すくい角や切削油などの関係がうまくいったときは、切削表面に美しい虹が立つ。これを虹立て削りと言い、カメラのレンズの胴体などはそうなっている。虹立て削りに成功したようなときは、歓喜とともに旋盤やバイトに深甚の感謝を捧げる。しかしそれらがマッチしないと、むしり取ったような、汚い表面となる。

また別に素材の声を聞くことが非常に重要になる。もちろん設計図はあるのではあるが、それに従って「ここを取ってくれ」と素材が言ってくる。その素材の言う通りに削ってゆけば、最高の出来映えとなるのである。彫刻家ならば、材木の中に彫る前から像を見ることができる。材木が「ここを取ってくれ」とか「あそこを削れ」とかと言う。その声の通り削ってゆくと見事な作品が出現するのである。この感覚の作り方は、人間が主で、人間の意志通りに、悪く言えば人間のわがままを押し通すために、削るという進歩的な姿勢ではなく、むしろ材料が主で、その声を人間が聞きながら従ってゆくという退歩的な切削なのである。

だが、作品がしだいに形を現し始めると、会話は活気を帯びてくる。部品を組み立て接合する段には、部品たちの小声、ささやきまでをも聴く必要が出てくる。こちらが無理を言っては絶対にうまくいかない。物は大自然の摂理通りにしか言うことを聞いてくれない。「技術は自然を支配しようとする傲慢なものだ」と批判される向きも多いが、このような会話を交わしている限り、人間は謙虚にならざるを得ない。うまくいかないときは、必ず人間に落ち度があるのだ。「物言わぬ物の声聴く物作り」という格言さえある。

色々語ったが、「物」との会話は、「物」への感謝と足るを知る心を養い、人生を非常に豊かにし、しかも我慢することなく満足しつつ、ひとりでにエコの達成を助長するのである。本当を言えば、全人類がすべての「物」へ感謝できるようになってこそ、まことのエコが達成できるのである。

物観の向上と技道

すでにここまでに、戦後六十数年、すべてが打ち砕かれ焼き払われて、何もなくなり、次から次へと、必需品を作らなければならず、筆者たちのジェネレーションの者は頑張ったこと、そして幸いにも技術は発展し、高度経済成長期を経て、生きてゆくために必要な品々は満たされ、作るべきものはすべて作ってしまい、その後さらに技術は大発展し、今の爛熟期を迎えたことは述べた。そこでお叱りを頂くであろうが、やることがなくなった今日、無理になすべきことを考え出し、本当は不必要なことを、必要だとして技術開発を進めなければ、経済が成長していかなくなってしまったような気がしてならない。

これは筆者だけの感じであろうか。複雑化は進歩の代名詞であり、とくに電気通信・情報通信世界の複雑さには、とてもついてはいけなくなった。すべてはブラックボックス化して中身は不明で、そこにカタカナの略語の洪水が輪をかけ、何がなんだか全貌は分からなくなってきた。宣伝は便利さを歌い上げているが、ユーザー側は「もう便利さなど結構だ」という人が多いのではなかろうか。

商品開発に際してのメーカーの便利さ追求は、最近極端になってきたと思う。メーカーはユーザーの便利のためという気持ちかもしれないが、それが果たして人の幸福につながるのかどうか、非常に疑問である。パソコンのソフトは使用者側が希望もしない余計なことを自動的に行なってしまう。それを元へもどすだけでも、結構手間暇がかかる。メーカーの親切心というよりも、ヴァージョンアップのための余計な付加物の感じがする。自動車でもキーはポケットの中にしまい込んでおくだけで、ハンドルの横に挿入しなくてもよいようになった。しかもドアのロックを開けるときにも、キーはポケットの中に入れたままでよく、運転席のドアハンドルを一回引っ張るだけで開錠され、二度目に引っ張ればドアが開いてしまうのである。

こう言うと、技術否定や物作り不要論のように受け取られるかもしれないが、実はそうではない。人間は物を作らなければ、人間でなくなる。基本的に、物なしには人間は生きられないからである。物によって生かされているわれわれ人間は、物に接することを止めると気がおかしくなると思う。

すなわち、一方では、便利はたくさんだとなり、他方で物を作り続けなければならないというわけで、この二律背反を、どう乗り越えて進むかにこそ、今日の最重要課題があると筆者は熟慮している。

だが有り難いことに、一つの救いの道は開けている。それは「道《どう》」である。何事にも自己否定の原則というものが作用し、もともとの目的を乗り越えて、行き着いた先では「道」として高められる。剣術は人命尊重、暴力否定の今日、あってはならないものと言えよう。だが

「術」を「道」に入れ換えた「剣道」は廃れてはいない。人殺しを目的とせず、人間育成を目指すからである。弓でもそうである。弓術は敵に矢を当てることを目的とするが、これが弓道に格上げされると無心を教える。そこでは、的に当てようという気持ちは邪心とされる。茶は美味しく入れて飲めばよいだけだが、茶道になると、茶を入れることを超えた高度の芸術文化である。

そこで、救われの道は、技術を「技道」に格上げするところにあると考究できる。技術が便利追求の技術である限り、先は暗い。インターネットで便利になったと喜んでいる矢先、知らぬ間に、カードナンバーが流出し、銀行口座から大金が盗まれていたという事態に陥る。失敗からノーベル賞が得られたように、悪は善に転じ得るということは、逆に善は悪に転じる可能性を持っているということだ。実は本当に存在するのは、ハタラキの強い善悪以前の存在（無記）だけで、それを善用するのも悪用するのも、人の心によるのである。善悪は心の産物であって、物やシステムの属性ではないのである。このことは第四章で詳述した。だから、心の整備を忘れて、便利だけを追求すれば、悪用は後を絶たず、開発と防御の悪循環に陥ってしまう。

茶道が茶を飲むことを捨てていないように、技術が便利追求を捨てずに、しかもそれを乗り越えて、人間育成と心の整備に向かうとき、初めて、それは「技道」となって人を救うのである。これは、筆者が創始し実践してきたロボットコンテストで実証済みのところでもある。この「技道」のレベルになれば言うに及ばず、先に述べたような物との会話を通しても、われわれの「物」に対する観方、すなわち「物観」は向上する。

ともかく、「物」を人間が便利をする材料・手段と見るこれまでの進歩的物感（あえて観とせず感とした）を変革して、第五章第四節（一六三頁）で述べたような「物」を尊重する退歩的物観へと切り替え向上しなければならない時が来ていると思われる。

次章では退歩的技術である簡秀技術について語りたい。

第七章　簡秀技術と消去法

何度も述べてきたが、一般に、物事は進歩すると複雑になる。身の回りの物について二十数年前と今日とを比べてみれば、このことは瞭然とする。

早い話が時計である。時計といっても、いわゆる時計然とした時計でなく、携帯電話に付いている時計、エアコンに付いている時計、電子レンジに付いている時計、お風呂のコントローラの時計……など、マイコンが使ってある家電には必ず時計が付いている。炊飯器にまで時計である。最初に時計をセットしなければ稼動しないものばかりだ。腕時計から柱時計までを含めて、今ではどの家庭にも何十という時計があることだろう。

時計だけでもこれだけ複雑になっているのに、携帯電話、デジカメ一つを取り上げても、その機能の複雑膨大なこと！　リモコンのボタンの複雑さ。いろんなことが可能になり、携帯電話にカメラ機能が付属していると言うより、カメラに電話がくっついている感じになってしまった。取った映像をE-Mailで送ることも日常の茶飯事——という状況で、記憶力が悪い筆者は気が狂いそうである。もう、複雑なことは結構だ！　簡単シンプルにしてくれ!!　と悲鳴を上げたくなっている。

そこで筆者がかつて開発した（簡単過ぎて開発などというものではないが）「自然力ボート」なる、簡単きわまりないものを以下に紹介しよう。

横自然力ボート

川には流れのエネルギーがある。水力発電をするくらいである。それなのに、その川を航行する船はエンジンを付けているか、少なくともオールとか櫓《ろ》を漕いで川を横切ったりさかのぼったりしている。つまり、川の流れ自身のエネルギーは使わないで、石油とか人力といった流れ以外のエネルギーで航行しているのである。

筆者はこのことに、どうも納得がいかなかった。せっかくそこに流れのエネルギーがあるのに、どうしてそれを使って航行しないのだろうか？　そんな疑問を長く抱いてはいたが、具体的にどうすればそれが可能になるのかという案は、なかなか浮かばなかった。これは第六章の「念・忘・解で解けた」で述べた「念・忘・解」の「念」に当たる。

ある日散歩をしていた。そのとき川の流れのエネルギーなど念頭になかったが（「忘」）、子供が凧揚げをしているのに出くわした（図13）。その途端に図14のように凧が舟に見えたのだだった。「あっ」と声が出た！　これは第四章の図11（一二〇頁）の応用である。図11ではＣＤに付いたほこりが文字に見えたわけだったが、この場合は、凧が舟に見えたのだった。強烈な問題意識を持っていたおかげである。凧が舟に見えれば、風は川の流れに見える。大地が川のこちら側の岸に、そして天高くに向こうの岸が想像できた。

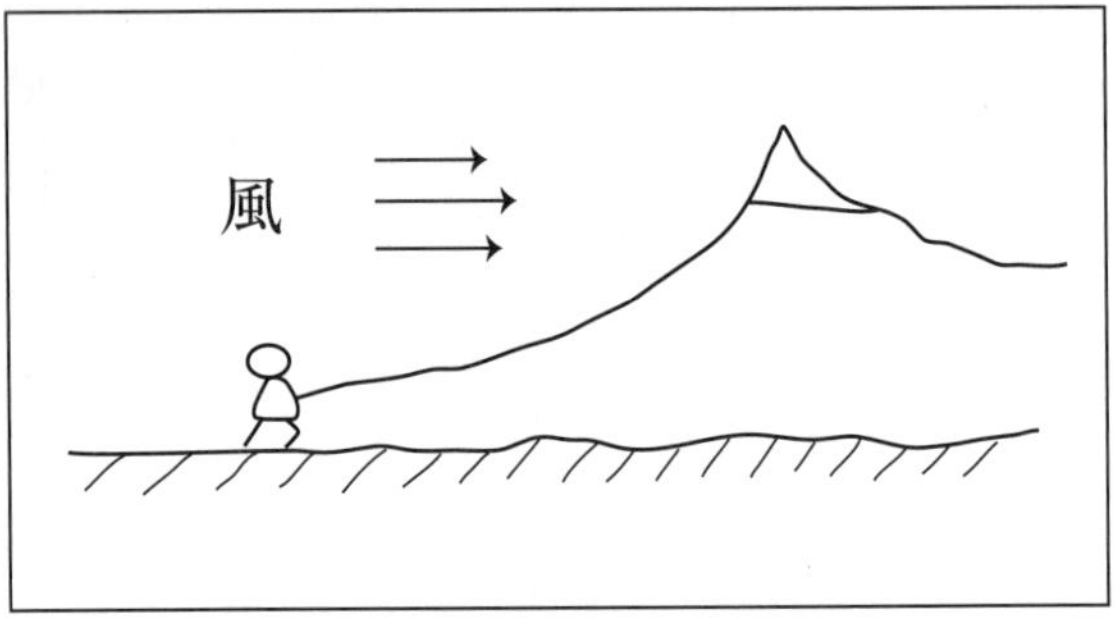

図 13

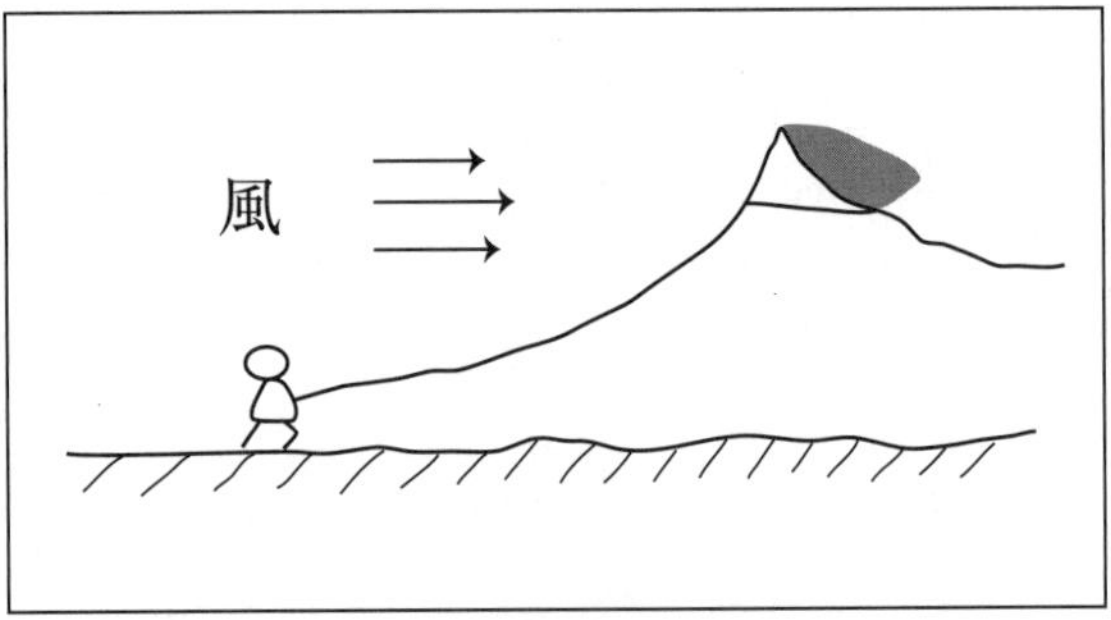

図 14

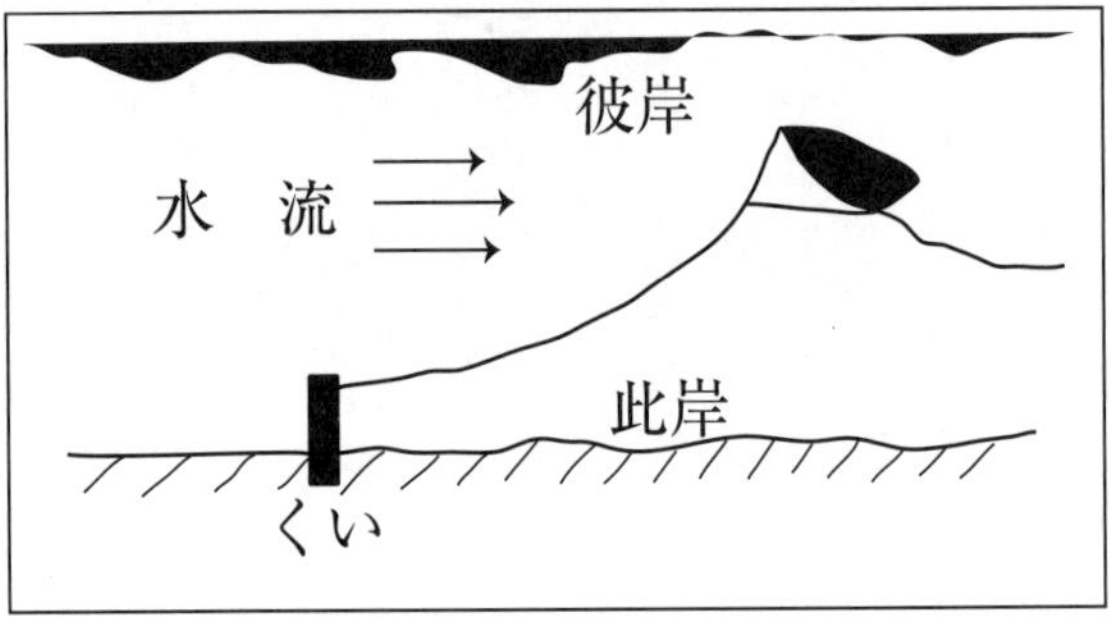

図 15

写真３　横自然力ボート（往）

それで図15のようなアイデアがひらめいたのだった。図14は垂直の図だが、それを九〇度倒して水平にする。凧揚げしている子供をこちらの岸に設けた丈夫なくいに換える。そして、そのくいに長いロープの一端をしばりつけ、もう一方の端を凧の糸目のようにボートに取り付ける。すると風で凧が揚がってゆくのならば、川の流れでボートはこちらの岸から向こうの岸へ向かって動いてゆくはずだ、と思ったのであった。これでやっと川の流れのエネルギーを使って川を横切るアイデアが出た!!

一九七九年一一月三日に天竜川でその実験をした。見事に成功！　ボートは天竜川を波を蹴立てて横切った（写真3）。向こう岸へ到着してから、ロープの取り付け方を逆転したら、往きと同様、勢いよく帰ってきた（写真4）。これは実験グループによって「横自然力ボート」と名付けられた。研究の結果、ロープの長さは川幅の一・三倍が最適で、川の流速は一m／秒から一・三m／秒が良いことが分かっている。

写真４　横自然力ボート（復）

ついでながら、この横自然力ボートは、創造性開発手法の一つ「KJ法」で有名な、故川喜多二郎先生の仲介で、ネパールへの技術援助として、ネパールの各地で実用に供せられている。ネパールにはヒマラヤから流れ落ちる河川が豊富にある。しかし国は豊かではないので、その多くの河川に橋を架けることができない。それでこの横自然力ボートを使って向こう岸へ渡り、そこを耕そうというのである。

縦自然力ボート

「ロープ」が川の流れを直接活用する決め手だと気付いてからは、横切るだけでなくさかのぼるのにもロープが使えないかと思うのは、当然のことである。幸いそのアイデアはすぐに出すことができた。

ひらめいたのは、ウインチ、すなわち巻上げ機の原理であった。ボートの胴体を貫いてシャフト（回転軸）を設け、その両端に水車を取り付ける。そのシャフトの中央には、直径三〇センチメートル

写真５　縦自然力ボート

くらいのドラムを付け、川の上流から垂れ流した長いロープをそのドラムに巻き付ける。もちろんロープの上流側の端は、くいかやぐらに固定しておく。すると川の流れでボートの水車は回転する。その回転によってドラムはロープを巻き上げてゆく。

しかし、そのロープの他端は上流に固定してあるので、ボートはひとりでに上流へ向かってさかのぼってゆくというわけである。実際には、ロープ全部をドラムに巻き取ってしまうと、ドラムが太ってしまうので、ドラムにはロープを数回巻き付けるだけで、ロープの先は船尾から川の中へ投げ込んでおくのである。すると流れがロープを引っ張ってくれるので、適当な張力がドラムに掛かって、うまくいくのである（写真５）。これは「縦自然力ボート」と名付けられた。興味深いことに、このボートは、エンジンやオールの場合と違って、流れが速いほど、勢いよくさかのぼってゆくのである。

このアイデアのヴァリエーションとして、さかのぼってゆく舟には水車やドラムは設けず、上流に別の舟（巻き上げ専用舟）を固定し、その舟に水車とドラムを取り付け、下流の舟を引っ張り上げるという案なども出されている。

簡秀技術

自然力ボートを実施してみて、「なんだばかばかしい、どうしてこれまで石油やガソリンを使ったり、苦労して漕いでいたのか！」というのが実感だった。これで、川の流れのエネルギーをじかに使って、エンジンもオールや櫓もなしで、川を横切ったりさかのぼったりすることができるようになったのだった。完全なエコである。極めて簡単で秀でているではないか。

筆者はこのような技術を、簡単で秀でた技術という意味で「簡秀技術《かんしゅう》」と呼んでいる。ちなみに「簡秀」という語は『大字典』（上田万年ほか編纂、講談社、一六七八頁）にも見られる。

これからの時代はこの発想でいく必要を痛感した。「簡秀技術」は退歩的技術の枠である。

渦巻き蚊取線香

別の簡秀技術として「渦巻き蚊取線香」を挙げておきたい。今では渦巻き蚊取線香と聞いてもピンとこない若者もあろうが、あの渦巻きの形は空間的なまとまりを示し、同時に燃える線香の先端に対して力学的な支えの意味を持っている。あれだけの大きさのものが、わずか中央

写真６　渦巻き蚊取線香

写真７　二個を組み合わせた渦巻き蚊取線香

の一点で支えられているということは、物の形の中でもっとも単純であり、また美しく、あの形の中に、燃えることと、形を支えることと、安全を保つことなどが融合して含まれているではないか（写真6）。

この渦巻き蚊取線香は、大日本除虫菊株式会社の創業者である上山英一郎氏によって作られ、明治三五年（一九〇二年）に発売されたものであるが、その渦巻きというアイデアは、妻のゆきさんが出したと伝えられている。蚊取線香は、当初は四〇分ほどで燃え尽きてしまうという欠点があったのだが、渦巻き状にしたので伸ばした長さは七五センチメートルにもなり、七時間も持つようになって実用化できたのだった。

さらに傑作なことには、その線香が箱におさめられるときに、二個がコンパクトに組み合わされて円盤になるのである（写真7）。このことは製造の単純化にもつながる。複雑な機能は単純な形へ結びつくのである（池邊陽『デザインの鍵』丸善、一一七頁）。最近の時代の進歩、とくにディジタル化は、このような質の知恵を喪失させてしまった。進歩して蚊取にまで電気が使われている現代、節電上からも退歩してこの蚊取線香を見直すべきではなかろうか。

シルエットの発想

本当の町の美しさというものは町の中のビルの形――ビルの中身ではなく――で決まるそうである。ドイツではInnen RaumとAussen Raum（中のスペースと外のスペース）という概念があって、建物を中から見たときに建築と言い、外から見たときに彫刻と言っているわけである。首都高速道路を車で走ると超高層ビルのシルエット（陰）が見えて後ろへと去っていくが、その陰の美しさを上手に演出して都市をデザインしてゆかないといけないというのが、また池邊陽先生の忠告の一つだった。

それでひるがえって、そのシルエットの考えを万般に当てはめてみると、どうも陰の部分をなおざりにしがちな風潮が、つまり「陽」のムードが強い。つまり目立ちたい目立ちたいという人間があまりにも多くなっているように感じるのである。なんとかして目立とう目立とうと努力している。

書籍でもそうで、本屋の店頭で目立つように、あの手この手の装幀を工夫して、そのあげく、目立ちたい本ばかりがドッサリと並ぶ。するとごちゃごちゃの色とごちゃごちゃの模様が並んでしまって、目立ちたいもの同士が互いに殺し合い、結局はどれもが目立たなくなってしまっている。そういうところに、無地に近い装幀の本が一冊入っていると、ひときわ目立つのである。そんな経験を誰もがお持ちだろう。

同じことだが、筆者が出た中学校は名古屋市にあった愛知県明倫中学校（今は明和高校）だ

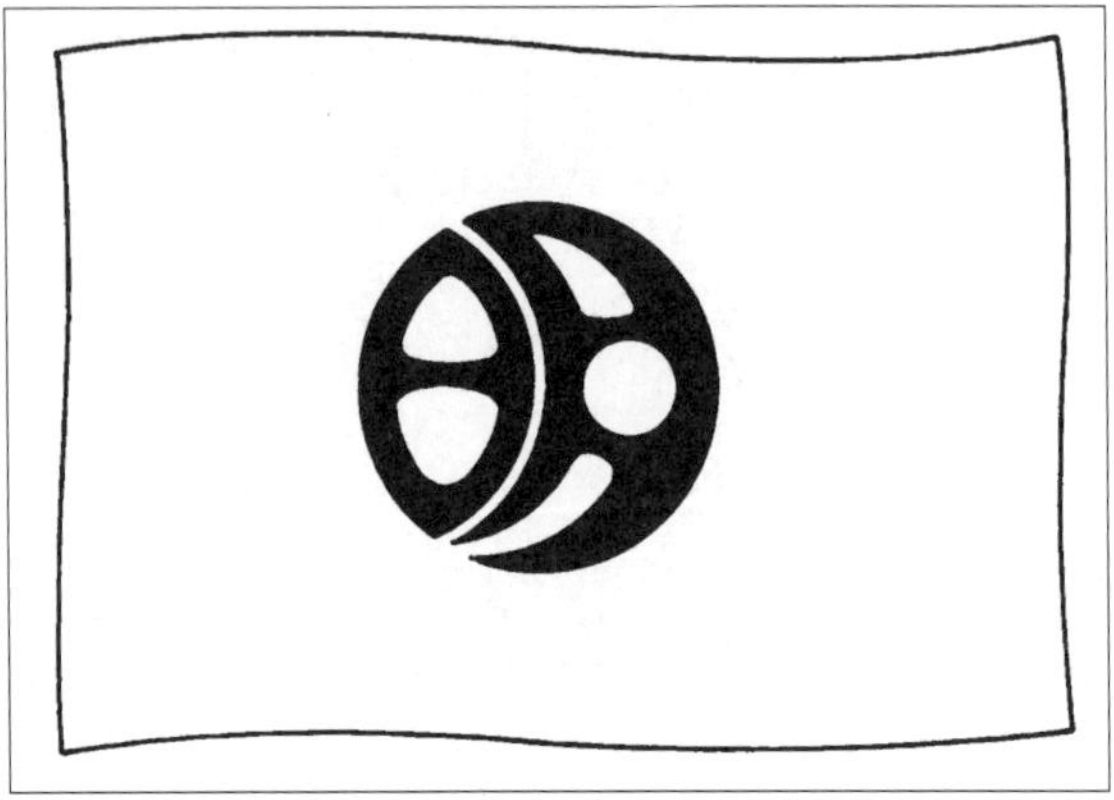

図16　愛知県明倫中学校の校旗

が、その校旗は図16のように白地に黒い丸の「明」の字だった。

他には文字も房も飾りもない白地の、文字通りシンプルな校旗であった。

あるとき——これは今日では理解されないことだろうが——戦争も盛んになって来た頃、東京に全国の中学校から数人ずつ代表を集め、学徒御親閲というて、天皇陛下（昭和天皇）の前で、観兵式のようなことをする機会があった。当然筆者の明倫中学校も参加したが、そのとき御親閲の広場には、色とりどりの、紫、黄色、オレンジ……の全国中の中学校の校旗がズラーッと並んだ。

ところが、一本一本は派手なのだが、それがずらりと並んでしまうと、遠くから見ていてどれがどこの学校の旗か見当も付かない。たとえば筆者の中学校と同じ愛知県から出た愛知一中の旗は、色が付いていてかえって分からない。他方、われわれ明倫中学校の旗は、白地にただの黒だから、これが実によく目に入る。だからよその学校も、あの明倫の校旗から何番目がうちの学校だといって探して歩くという、そんなことがあったのである。

上記の本にしろ、校旗にしろ、目立とう目立とうとして、結局みんな目立たなくなって、むしろ謙虚に目立たなくてもいいと思っている方が、陰――シルエット――として浮き上がってくるのである。目立とうとする意識は、目立たない人をバックにして自分だけよかれと思う根性の現れなのであろう。そういう人が多いから、浮かび出ようとするものとバックとの関係が逆転してしまって、本来目立とうとしている人がバックに回り、表に出なくてもいいと思っている人が、黒いシルエットとしてクッキリと浮き上がってくるのだ。

もともと光るものは目立つ、黒いものを背景にして光らせれば目立つと思っていた。そして黒いものは目立たないという固定観念を持っていた。ところが予想とは逆に、光るものは背景に回り、光らないものが目立ってしまった。

これは要するに、目立とう目立とうという意識をかなぐり捨てて、本当に謙虚になる必要があるのだ、という警告だと思われる。しかし無理にへりくだるのではだめである。そんなことをすると、ストレスが溜まってしまう。本心は威張りたいのだが、威張ることははたから見て見苦しいからとか、恥ずかしいからとかの理由で本心を抑えて自分を謙虚に見せる。こういううわべだけの謙虚も、そうでないよりはましだが、それを続けていると、タテマエとホンネの差に応じたストレスが溜まってしまう。そうではなく、深い思索を通して、人間本来のあるべき姿、生き方に気が付くと、本心も謙虚で、当然、態度もひとりでに謙虚になってゆく。自分を抑えつけるのでなく、やりたいようにやっていて、それでいて謙虚なのである。これが本当の謙虚というものである。ストレスは溜まらない。

目立たないように努める役割

N響アワーというNHKテレビの番組があるが、あるときその番組の中で、NHK交響楽団のヴィオラ奏者にインタヴューが行なわれたことがあった。そのときヴィオラ奏者から「できるだけ目立たないように目立たないようにと努めています」という発言があり、これが筆者の心に焼き付いた。

後述のように筆者も、終戦直後の数年間は、名古屋フィルハーモニーの楽団員だったので分かるのだが、オーケストラではヴィオラという弦楽器は目立たないが非常に重要な役割を果たしているのである。周知のようにヴィオラはヴァイオリンを一回り大きくしたもので、遠くから眺めるとヴァイオリンとの区別が付きにくい。

初歩的解説で恐縮だが、オーケストラの弦楽器は、第一ヴァイオリン・第二ヴァイオリン・ヴィオラ・チェロ・コントラバスの五部門からなっている（ハープは特殊だから、ここでは述べない）。これを西洋音楽の基本の四声に当てはめると、第一ヴァイオリンはソプラノに、第二ヴァイオリンはアルトに、ヴィオラはテナーに、チェロはバスに相当し、コントラバスはバスの補強という立場である。オーケストラには華々しい楽器があり、トランペットなどは演奏会場中に鳴り響いて勇壮華麗である。ティンパニーという太鼓も非常によく目立ち、一人でたたくのだが、大音量のときも微細音の場合も重要な役を果たし、これなしにはオーケストラは成立しないほどである。フルートもその高く美麗で清らかな音は、他の楽器から飛び抜けてよく聞こえて目立つ。そしてこれら派手な楽器は聞く側が聞こうとしなくても、ちゃんと耳に入ってくるものである。

しかしヴィオラという楽器の音はその気になっても、なかなか聞き取れないものである。楽譜（総譜）を開き、ヴィオラのパートを眺めながら聞くと、「あ、なるほど今ヴィオラが鳴っているな」とやっと分かるほどに目立たないのである。それならばヴィオラなど要らないのではないかということで、試みにヴィオラなしで演奏してみると、中音部が素抜けてしまって全体の音の厚みがなくなり、薄っぺらで聞けるような音にはならないのだ。ヴィオラあってこそオーケストラの音は重厚さを増し、充実感が出るのである。およそ人間は、日の当たるところしか見えないようではだめだ。日陰が見えなくてはいけない。立派なオーケストラや組織は、この目立たない日陰がしっかりしているのである。塗装にしても下処理がキーポイントなのだ。ヴィオラには下塗り塗装のようなところがある。

だがしかし、それならといって、ヴィオラが頑張って目立つようでは、音楽がぶちこわしになってしまうのである。下塗りが上塗りの上へ出てしまったのでは台なしである。このようにヴィオラは、一番地味な楽器ではあるが、極めて重要な縁の下の力持ちなのである。第二ヴァイオリンにもいくらかそういった傾向があるが、ヴィオラほどではない。逆に第一ヴァイオリンやチェロはよく目立つ。これは総勢一〇〇人にも及ぶオーケストラの場合での話だが、各声部一人ずつの、たった四人で奏でられる弦楽四重奏のときでも、同様である。

だからヴィオラ奏者の「できるだけ目立たないように目立たないようにと努めています」という発言は、非常な重みがあったのである。人間は一般に、前述のように誰もが目立ちたがるのだが、そんな中にあって、自ら進んで縁の下の力持ち的な役割の、目立ってはいけない楽器を好んで演奏されている方には敬意を表したくなる。立派な「退歩」である。

同じ音楽についてだが、ジェラルド・ムーアという伴奏を専門とする名ピアニストがあった。氏の著作に素晴らしいものがあり（ジェラルド・ムーア著、大島正泰訳『伴奏者の発言』音楽之友社）、さすがは世界的伴奏の名人の著作だと感心させられる。その内容は、ピアノ伴奏に参考になるばかりか、音楽関係以外の人々に対しても、人間の生き方として多くの示唆を与えてくれる。心を打つのは、その脇役としての心得である。その一つとして、あらましこのようなことが書いてある。

演奏会を開くような声楽家でも、大勢の聴衆の前に立って歌うとなると緊張することがある。それがひどいときには、声楽家は思い違いをして、曲はA→B→C……といくべきところを、曲の途中のBをすっ飛ばしてA→Cと進んでしまうことがある。彼は跳び上がってBという大切なところを抜かしてしまったわけだ。こういうときには伴奏者は声楽家を安全に受け止めて、ちゃんと足から着陸できるように救助しなければならない。もちろん、くそまじめに楽譜通りに伴奏を弾いたならば、その跳び上がりをことさら聴衆に知らせて、声楽家に重傷を負わせてしまうことになる。それでは伴奏者は落第である。だから伴奏者はその歌の地理を心得ていて、声楽家がどの地点へ飛んでいったかを正確に知って、伴奏者も（わざと間違えて）声楽家といっしょに飛んでいかなければならない。伴奏者の責任は（声楽家といっしょに間違えて）声楽家を救うことである、というのである。このような、ソリスト（声楽家）と伴奏者の共同作業のための、滅私の姿勢がなんとも素晴らしい。筆者はこの姿勢は「退歩」だと考えている。

筆者は昭和二四年から二八年までの間、名古屋放送管弦楽団と名古屋フィルハーモニーの両オーケストラで二番フルートを受け持っていたが、この二番フルートというのにも、同じようなところがある。

ここで紙面を借りて二番なるものの説明をしておこう。オーケストラの編成の大きさを表すのに、二管編成とか三管編成とかという言い方をする。オーケストラは楽器としては、弦楽器・木管楽器・金管楽器・打楽器などからなるが、この二管、三管というのは木管楽器の数での呼称なのである。オーケストラの木管楽器は基本的に、フルート（金属製のフルートが多いが、分類としては木管属に入れる）、オーボエ、クラリネット、ファゴットの四種類である。それでたとえば二管編成だと、フルートが一番一人と二番一人の計二人、オーボエも、クラリネットも、ファゴットもそれぞれ一番と二番の二人ずつである。三管編成では、これが一番、二番、三番の三人ずつになり、木管が増えただけ、それに応じてヴァイオリンなどの弦楽器の数や金管楽器の本数も増える。ベートーヴェンやドヴォルザークの曲などは二管編成だが近代物になると三管編成が現れてくる。

二管編成の場合、第一ヴァイオリンは一〇～一四人、第二ヴァイオリンは八～一二人くらいだが、木管の一番と二番の関係は、この第一ヴァイオリンと第二ヴァイオリンとの関係に似ている。フルートの一番には主としてメロディーが割り当てられて、普通はオーケストラ全体の輝かしい最高音域を担当している（曲によっては二番フルートがピッコロに持ち換える場合があり、そのときはピッコロがメロディーの最高音域を受け持つ)。二番フルートは、たまにメロディーを吹くこともあるが、ほとんどは一番と協調しての和音を吹くのが役割である。つまり二番は一番の補助であり脇役なのである。

ゆえに二番フルートは脇役に徹しなければいけない。滅多にそういうことはないのだが、もしも一番がミスを犯したような場合には、二番もわざとミスって一番二番まとめて、オーケストラ全体のミスが最小になるように努めなければならないのだ。

このように一番フルートの姿勢は「進歩」でよいのだが、二番フルートは「退歩」が大事なのである。このことは何も二番フルートに限ったことではなく、およそ脇役という立場のすべてに当てはまると思われる。主役が「陽」で脇役が「陰」でこそ、第二章で説いた「一つ」の原理に適合するのだ。

「退歩」の姿勢で生き抜く草

二〇一〇年七月二一日放送されたNHKラジオ深夜便番組で、農学博士で「道草研究家」の稲垣栄洋《ひでひろ》さんが「生き抜く知恵を雑草から学ぶ」と題して、あらましこんな趣旨のことを言っておられた。

タンポポには、昔から日本にあった在来のものと、セイヨウタンポポなど外来のタンポポがある。在来のものは最近ほとんど見られなくなった。実は、それが在来タンポポの戦略で、在来タンポポは春に花を咲かせるが、夏になると葉を枯らして、根だけで過ごす。死んでしまうのではなく、夏の間は地下で眠るのだ。

そのわけは、夏は色々な草が茂るから、草丈の低い在来タンポポは、葉を広げていても太陽光が届かない。だから在来タンポポはあえて競争から降りるのだ。夏は自ら葉を枯らし、他の植物が枯れてくる秋から冬にかけて葉を広げ、春になると花を咲かせる。つまり在来タンポポは「退歩」して争いを避け、日本の季節に沿うような生き方をしているというのである。

これに対して、外来のタンポポは日本の四季に合わせるという生き方を知らないから、一年中花を咲かせて、強いという「進歩」的なイメージを持っているが、他の植物との競争には強くなく、他の植物が育ちやすいところでは、あまり広がることができない。逆に、そういうところでは在来のタンポポが見られるだろう。

雑草からは、「環境を受け入れる」という姿勢を学ぶべきだ。植物はその環境が過酷でどんな困難が降りかかろうと、芽生えた場所で生きてゆくしかない。よく踏まれる場所に生えても、踏まれることを恨みはしないと。

在来タンポポは歯を食いしばって頑張るばかりという「進歩」姿勢ではなく、夏は生存競争から逃げて根だけになって隠れるという「退歩」姿勢のところが良いというのである。

敵を味方に転じる「退歩」的操船術

筆者は一九八一年の夏、トヨタ自動車の五〇〇人の従業員が航海しながら行なう洋上セミナーの講師として、トヨタ自動車がチャーターした日本丸という大型客船に乗った。船は昼過ぎに名古屋港を出帆し、非常にゆっくりと伊勢湾を南下していった。夕食は船長がホストのウェルカム・ディナーで、デッキの上で行なわれたのである。ところがその挨拶のスピーチで船長さんは「皆さん、今この船は港の方向にもどっているのです」と言われたのだった!?　つまり船は、さっき出帆した名古屋港へ向かって北上しているというのであった。

われわれは、当然外洋へ向かって南下しているものだと信じ切っていただけに、不思議に思った。すると船長さんは南の外洋の方を指さして「あれをごらん下さい」と。そこで船長さんが指さされる遠くの方をよく見ると、雨雲があり夕立が降っていたのである。船長さんは「このまま進めば、私たちのディナーはあの雨の中で行なうことになってしまいます。ですから皆さんは気付かれてなかったと思いますが、先ほど私はこの船をUターンさせたのです。今は自転車が走るくらいのゆっくりしたスピードで北上しています。ですから雨にぬれる心配はありませんから、どうぞゆっくり召し上がって下さい」と言われたのだった。二万トンもある船をバックさせる。これは、ディナーもディナーだが、素晴らしいもてなしではないか。

さすが、この船長さんは二見に堕してはおられない。スムーズに進むことのできる人は、退くことを知っていて、それを活用する。

おかげでわれわれ一同は快適なディナーを取ることができた。船長さんは「自然を征服しようという気持ちがあると、テントを張って雨の中に突っ込んでゆくでしょう。しかし私は自然の中にとけ込もうと思っているので、バックしたのです」と、重い言葉を発せられた。「自然に対しては逆らうものではない」という謙虚さが、この船長さんの大事な人生訓だったようである。

そしてディナーが済んだら、船長さんは悠々と船を再びUターンさせて、雨の中へと入って行ったのであった。そしてディナーから部屋へもどった筆者は、部屋の中から窓越しに雨を眺めながら、初めて気付くことができた。くそまじめに予定通り、バックすることなく進んだとしたならば、われわれは雨を「敵」に回すところだった。しかしUターンして退歩し、ディナーが済んでから雨の中に入ったから、雨はわれわれの「友」となったのである。読者は、なぜ「友」となったかお分かりだろうか?

それは、ディナーで汚れたデッキを、雨が自動的に洗い流してくれたからである。

この話は、まことに素晴らしい「退歩」の模範例である。

消去法による技術

それではこの章の最後に、工学にとって「退歩」とは何を意味するのかを考えてみたい。もともとよりこれは、工学の研究開発を止めよということではない。研究開発の中に、質的に「陰」の発想を盛り込むべきだと言いたいのである。

たとえば、あるものを開発してそれを実用化したところが、何か問題が発生したとする。これまでの技術開発一般では、その問題を解決するのに、何かを付け加えることで処理されてきた。このことはハードの場合でもソフトの場合でも同様であった。付加法（陽）である。しかも新たなものが作られると、さらにそれに対応するために次のものが生じるのである。オプション、アダプタ、アクセサリなどその典型である。

ゆえに、時とともに中身はふくらみ、複雑化することは避けられなかった。進歩は複雑化の代名詞、いやそれどころか最近では混乱の代名詞になってしまった。本来求められている多様化は、混乱ではないことは言うに及ばないのだが。

そして複雑化したことによって、なお問題や故障が発生しやすくなるという悪循環に陥ってしまった。この傾向は地球を危うくする要因の一つと言ってよい。

ゆえに今後は「陰」である消去法でいかなければならない。つまり問題解決に当たって、「それはなくてもよいのではないか」「取り去った方が良いのではないか」という発想である。つまり、あるシステムのマイナス面をなんらかの物を付加することによって解決するという姿勢を止めることである。単純化こそが進歩に結びつくという知恵が必要になってきた。

次章で詳しく論じるが、時代のディジタル化は、このような質の知恵を喪失させてしまった。ただいたずらに、付加法によって事柄を近視眼的に処理し、外なる物は複雑化したが、内なる心と頭は一つ覚え的に画一化というか、極論すれば痴呆化に近くなってきた。この意味で現状は、たしかに危機なのである。強く反省して、簡秀技術に目を向けてほしいと切願する。

第八章　ディジタル化と人間の傲慢

今日のディジタル社会は「退歩」という観点からすると大問題を抱えている。本書の最後の章としてこの点について論じ、本書を結びたいと考える。

ディジタル技術の妙味

今日、電子技術の内容はほとんどがディジタル技術になってしまったが、そのおかげでアナログ技術ではとうてい考えも及ばなかった魔法のような便利さが、あらゆる場面で展開されている。医療・宇宙・通信をはじめ、画像処理、すべての工学での設計やシミュレーションから、駅の自動改札に至るまで、われわれは広い範囲でディジタル技術の絶大な恩恵を被っている。

だがそれだけに、第四章で詳論した通り善性の強いものは悪性も強く、ひとたび不調を来したときの影響の広範さと深刻さにも、未曾有のものが出てきた。銀行合併に際してのプログラムミスによる大事件や、膨大な株取引での間違いなど、その好例である。そしてこれらは、言うまでもなく、「進歩」の結果である。

ハイテク社会での不安感

ディジタル技術が手放しで謳歌できるわけではない。ハイテク社会の到来で、たしかに形而下の（広義の物の）世界は便利になったであろうが、人々の心に、とりわけ青少年の心に、言いようのない不安や頼りない気持ちなどが忍び寄ってきているのである。あるアンケートによれば、青少年に「君たちが生きている間に、人類は滅びると思うかどうか？」との問いに、「滅びると思う」と答えた者が五割にも達した、と聞いた。かつて社会的大量殺人をしでかした新興宗教、オウム真理教に、たくさんの理科系出身者が信者として入籍したという、考えられないような事実もそれを裏書きしている。第五章の「知らぬ間に贅沢になっていたことへの反省」で述べたように、物が豊かではなかった終戦直後の方が、青年はずっとしっかりしていた。だいいち現今の青年と当時の青年では、顔つきからして大きく違っている。昔の方が眼は希望に輝き、顔は引き締まっていた。

ところで筆者は技術者であり、物作り屋であるので、物と無言の会話をすることを、ことのほか楽しんでいる。その、「物との会話」のときに、最近のハイテク製品はすべてがブラックボックス化してしまったために、大きな白けを感じるのである。手応えがないのだ。

ブラックボックスからは返事が返ってこないのである。その無呼応の頼りなさは、人間同士の会話にたとえれば、せっかく呼びかけたのに返事が返ってこない挨拶にも似ている。うち解けて胸襟を開いてくれない人との会話のようだ。インフォームド・コンセントのない医療のような気もする。

一言で言えば、最近の「ハイテク物」との会話は、面白くも楽しくもなくなってしまったのである。いや、会話そのものが成り立たない。

かつてアナログ時代、レコード盤を回して音楽を聴く場合には、ピックアップを注意深くそっと盤上に乗せるという作法が必要だった。そうしなければ、盤やピックアップの針を傷めてしまうからだった。そしてピックアップが盤の回転につれて、外側から内側へ向かってゆっくりと移動していくのが、明瞭に分かったものである。そして、たとえば交響曲を聴いている場合ならば、ピックアップの位置から、「今は第一楽章の再現部のところだ」というように、今鳴っているところの曲目上の位置関係が一目で分かったものだった。しかしCDやDVDではそれは箱の中に引き込まれてしまって何も見えない、分からない。手応えがなく頼りない限りである。物の本によればCDは内側から外側へ向かってトラッキングして行くのだそうだが、それが見えない。筆者には、この手応えのなさが極めて不満なのである。筆者一人の不満だけならばまだ良いとしても、ハイテクが社会全体に及ぼしている影響を考えると、黙ってはいられなくなる。

カメラでも同様である。銀塩フィルムのカメラでは、実際にそこに映像が映るフィルムを自分で装塡したものだった。レンズを裏側からのぞくこともでき、「たしかにこのレンズを通して、今自分が装塡しているフィルムの乳剤が塗ってあるこの面に焦点を結んで映像が映るんだ！」という、確信と安心感、つまり手応えが身近に得られた。

だが、ディジカメではどうだろう。最近はレンズ交換が可能な一眼レフディジカメも普及してきたが、普通のディジカメでは映像が映るＣＣＤ（またはＣＭＯＳ）を眺めるすべもない。眺められるのは、ただ液晶ファインダだけである。

物理的には同じ自分の手に握って撮影していても、精神的にはディジカメの方は銀塩カメラよりも遠のいた離れた存在になってしまった。疎遠感が大きいのである。

昨今の進歩ということが、物と人間との関係を遮る方向、断絶させる方向、疎外する方向へと、あらゆる場面で進んでいる気がしてならない。

物との会話は、筆者のような物作り屋だけの特権ではない。筆者たちはそれを意識して行なっているが、一般の方々でも、物を使う人間である限りは、無意識のうちに物と語り合っておられるはずである。そしてそれが、知らず知らずのうちに、私たちの心理状態の奥底を形成し、物との会話が豊かな人は、心の中身もいつの間にか豊かにふくらみ、逆に物との会話が断絶すれば、心は知らぬ間に貧粗になっていっているのである。

現代はこの点が、メーカーにもユーザーにも忘れられている。と言うよりも、気付かれていない。筆者のような老齢の年代の者は過去に行なった「物との会話」の豊かさを知っているから、「現代は、それが忘れられている」と言えるのだが、今日現役で設計・生産に携わってお

図17　ブラックボックス

られる、過去をご存じない若い年代の方々に対しては、「忘れられている」と言うよりも「気付かれていない」と言うべきなのであろう。ゆえに、ハイテクで物との会話を遮られた表明しがたい不満感と不安感は、上記青少年の滅亡感の原因に無関係ではないと思われる。物がかくも素晴らしく進歩したのに、心の方は少しも豊かになってはいない原因の一つは、このブラックボックス化にあると考察されるのである。

ブラックボックス考察

ブラックボックスという概念は、一九五〇年代の後半に米国で生まれたように記憶している。それは図17のように黒い四角な箱（中身はシステム）があって、「その入力にどんな信号が入ったときに、どのような出力が出るかという入—出力関係だけは分かっているが、その箱の中身は問題にしない」という姿勢を取る場合に、その四角い箱をブラックボックスと呼んだのであった。一つの入力信号を受けた場合、同じ出力信号を発生させるシステム（電子回路）は幾通りも考えられるが、ブラックボックスという立場からは、その何通りもの異なったシステムを同じものと見なすのである。

そこに存在する基本姿勢は「入―出力関係さえ同じならば、中身は問わない」というものであった。それが「製品の中身については知らなくてもよい、使えさえすればよい」というスタンスへと転化発展していった。これを第一原因としよう。

一方、使用者の安全と、マイクロ化した精細な機器をほこりや手あかから保護するために、カバーを付ける、内側へ隠す、という態度が、あらゆる分野で行き渡っていった。これを第二原因とする。

それで以上の二つの原因から、電子機器はたんに目的さえ達成できればよい――ステレオは良い音さえ聞ければ、ユーザーは中身の電子回路など知る必要はない、むしろそれは余計なことだ。カメラはきちんと写真が写りさえすれば、写真機の原理などどうでもよい――という方向へと加速したのだった。これは一般使用者には、ある程度は結構なことだと言えよう。早い話が、電気冷蔵庫を使うのに、冷凍サイクルという難解な熱力学を理解しなければ使えないというのでは困るし、自動車の場合でも、エンジンの構造やその原理を正確に知らなくても、キーを差し込んでひねればエンジンがかかりさえすれば良いわけである。電気冷蔵庫も自動車も、実用だけからすればブラックボックスでなんらかまわないのである。

しかし、この実用――メーカーの狭小な親切心からすると、それは自動的に「便利」へと短絡してゆくのであるが――のみに目が行って、中身は見せないで隠すというブラックボックス歓迎姿勢には、大きな落ち度があるのである。それは知らぬ間に物への愛を拒絶しているからである。

筆者は、このようなブラックボックス的思考というものは、狭い合目的的な姿勢だと言わざるを得ない。人を愛することはもとより、物を愛するとはどういう姿勢を言うのであろうか？

わが子を愛する場合、親にとってわが子はブラックボックスで良いわけはないではないか。子供の内面まで知り尽くす必要があるのではないか。

ところが、パソコンにしろ、ディジカメにしろ、ディジタルテレビ受像器にしろ、ＦＡＸ電話機にしろ、そのマニュアルの分厚さと、設定の複雑さはどうであろう。こんな設定が必要なのかと思われるくらい、その筋道は幾重にも枝分かれして、すべてを記憶できる人は一人もいないし、またその必要もない。ディジカメについて言えば、ユーザーは言うに及ばず、メーカー側でさえも、全貌を知り尽くしている者は一人もおらず、二〇人ほどのスタッフが集まってようやくすべてが分かるということだ。

こうした製品のブラックボックス化は、第六章「物観の向上と技道」で論じたように、物というものを人間が便利をし金を稼ぐための材料だと心得る、低次元の物観の産物に他ならないと思うのである。「技道」からは遠く離れた姿勢の氾濫である。進歩の悪弊の現れである。

筆者が奉職した大学には、正面玄関に立派な桜の木が一六本あるが、ある学長から「桜を抜いて柿を植えては」という提案が出て、驚いたことがあった。柿の方が実がなって、美味しく食べられるという実利を求めてだった。現今のディジタルハイテク技術は、柿の実だけを求めて、桜の花を愛《め》でる心を失っているようだ。

このようなブラックボックスの氾濫の中にあって、救いの一つは楽器である。演奏者は自分の使う楽器を、わが分身として、こよなく愛するのが常である。手入れは自ら丁寧に念を入れて行なう。ヴァイオリンのような弦楽器ならば、弦は自分で張り替える。木管楽器のタンポは自分で修理し、リードは自ら念を入れて削る。とくにオーボエではそうだ。だから楽器はブラックボックスではない。演奏者はその特有のくせまでちゃんと知り尽くしているのである。この楽器はこの音はわずか高めに出るから、演奏に際してはくちびるでそれを調節しなければならないことまでも知っているのである。

物の場合でも、それをわが身にするには、知り尽くす必要があるのだ。ブラックボックスではわが身にはならないのである。

こう考えてくると、ブラックボックスという発想そのものは、文化性の低い発想だと言わざるを得ない。

プロセスと中身

中身をユーザーに見せないブラックボックス的思考は空間的であるが、それを時間世界に射影すると、プロセス、すなわち過程、に関してはなんの価値も見出さない――プロセスを省略したい、できるならばゼロであってほしい――という、せせこましい合目的的なプロセス無視の考え方になる。

この考えによると、途中とか過程とかというものは無駄なものであって、そんなものはない方が好ましいということになる。手間暇かけずプロセスはゼロにして、それでいて無限大の収益を得たいという姿勢である。換言すれば省力化、極言すれば無人化の姿勢である。あえぎあえぎ頂上を目指して登山するのではなく、ヘリコプターで一挙に頂上へ行こうとする姿勢である。

もちろん、第二章で述べた「一つ」の原理に則れば、この姿勢も場合によっては重要なこともある。事実、高度経済成長期という「陽」の時代――それはアナログ時代だったが――には、全国の生産工場がその姿勢であったし、自動化を専門とした筆者も、微力ながら真剣にそれに取り組んできた。そのおかげで物質的に非常に豊かな今日もあるのである。だが今やパラダイムは変わって、その姿勢は通用しなくなってきた。

旅というものは、一足飛びに目的地へ着くのが理想なのだろうか。途中の風物を鑑賞しながら行くというのは、無駄なことなのか。

金さえあれば何でも入手できる今日、自ら行なう物作りの価値は、プロセスにこそあるのである。ロボットコンテストから物作りのプロセスを取り去ったならば、値打ちは全くなくなってしまうではないか。

一家団欒《だんらん》の家族の会話は、互いに情報を交換するためだけなのであろうか。団欒では情報は二の次ではないのか。情報という観点からは何の役にも立たない「おしゃべり」こそが団欒の枢要ではないのか。

筆者は、ハイテクの立派な中身は、できるだけ外からも見えるように、しかもハタラいているプロセスが分かるように、作ってほしいと切望する。だいいち、あのような立派な中身がユーザーに見られることなく、不要になったら捨てられてゆくというのでは、中身がかわいそうである。それが無理なら、時々はふたを開けて中が見られるようにすべきだと考える。封印をしておいて、開けた場合は保証の対象にはしないという姿勢は止めてほしいと熟慮する。これは第六章で説いた、池邊陽先生の願いでもあるのだ。「電線は壁の中に隠すな」「便器や掃除機は見えるところに出しておけ」の意味をかみしめてほしい。

ブラックボックスと技術者の育成

技術者の養成は学校だけが行なうのではない。多くの場合、技術の方面へ進みたいという立志のきっかけは、学校においてではなく、子供の頃、日常に接した「技術製品」にあこがれたところにあるのである。そしてそのあこがれこそが、以後の人生のエネルギーの源泉となっているのである。だが残念なことに、ブラックボックス化した今日のハイテク製品には、このあこがれを喚起する魅力が全く欠けている。ゆえに、学生の理工系離れは、当然の帰結だと言えるのである。

筆者は小学校四年生の時、将来は電気の技術者になろうと志を立てたが、それはラジオ受信器の中をのぞいて、赤くぼーっと光る真空管に魅せられたからだった。その魅力、その時の立志が、筆者を今日まで支えてきてくれたのである。

現代の青少年の理工系離れという社会現象は、上述のような味気ないブラックボックス化が生み出した、必然の結果だと筆者は思っている。一言で言えば、今日の電子製品は、機能には満ちあふれていても、面白さや魅力が全くないのだ。将来の技術者養成のためにも、ブラックボックス化は止めるべきである。今のままで進むと、技術が進歩するほど技術を志す者が減るという矛盾に陥ってしまう。

便利が価値であることの限界が見えてきたのである。技術目標の再構築が必要だと熟考される。

真理からの遠のき

もう一つ、ディジタル技術というものは、あまりにも自由自在過ぎて、人間のわがままがはびこり、当事者に自然の美しさ偉大さを感知させることが少なくなり、人間から自然に対する謙虚さを奪っているという側面も見られる。これは重大なことである。

写真8　わが国初の任意伝達関数装置

写真8は、筆者が一九五七年に自動制御の実験用に製作した「任意伝達関数装置」である。これは筆者が手がけた最初のディジタル技術を使った装置で、トランジスタも入手できない当時のこととて、電話交換器用のリレーによる、八ビットのメモリがわずか八個入っているだけのものだった。

しかしこれは、文字通り、任意の伝

達関数（システムの入出力関係を表す関数）を実現した、少なくともわが国初のもので、自然要素（つまりアナログ要素、たとえば電気で言えば、コイル・コンデンサ・抵抗の三要素、機械で言えば、質量・弾性（ばね）・粘性（液体のねばっこさ）の三要素）のいかなる組み合わせによっても得られない伝達関数を実現したものである。

今になって反省してみると、このあたりから技術が自然現象を使いながら、自然というものから背き離れてきたような気がしてならない。次節で論じるように、ディジタル技術によって、「自然は偉大なり」が消え、「人間は偉大なり」といううぬぼれの方向へ流れ出したというのは言い過ぎではないと思う。

人間の傲慢に対する忠告

今では、「アナログ」対「ディジタル」というふうに、この二つは対立概念のように使われているが、本来は、アナログは英語のanalogであって、それは「類似」とか「相似」という意味の言葉であり、ディジタル（digital、数字を使うという意味）の反対語ではない。

それならばアナログは何が相似しているのかと言えば、自然現象が相似しているのである。このことがアナログの基本である。たとえば右に述べた機械の基本的な物理性質に、質量・弾性・粘性の三つがあるが、これらの挙動が、それを表現する数式（微分方程式）の上では、電気のコイル・コンデンサ・抵抗の三要素の挙動と全く類似し相似するのである。ゆえに機械の質量・弾性・粘性を実験したり計算したりするに際して、実物の機械を製作して行なうのは大変だから、コイル・コンデンサ・抵抗を組み合わせた電気回路で模擬して行なえば手っ取り早く、また定数の変更テストも手軽に行なうことができる。その模擬電気回路を専用化したものを「アナログ計算機」と呼んだのであった。このアナログ計算機は昭和三〇年頃までは存在していたが、ディジタル計算機の進歩普及につれて姿を消していった。

これがアナログのもともとの意味だったが、時の移り変わりとともに意味が変わり、それは、しだいにディジタルの対立概念へと変化してきたのである。そしてさらに拡張使用されることになって、アナログは自然現象そのものという意味にも用いられるようになった。

時代のディジタル化の波はすさまじく、それを大きく支えたのはＬＳＩ（大規模集積回路）技術だった。ＬＳＩ技術の進展とＬＳＩの量産による値下げに支えられ、それにコンピューターが掛け算されて、非常に多くの電子機器がディジタルへディジタルへと変貌していった。ディジタルにする必要のない簡単な電気関係のメーターまでがディジタル化され、その内部機構はディジタル式の方がはるかに複雑であるにもかかわらず、アナログ式よりもディジタル式の方が安価になるという現象までが生じている始末である。

ここで注意せねばならない点は、ディジタル物はほとんどの場合、それを動かすソフトウエア（略してソフト）が支えており、そのソフトは人間が作るということである。アナログ物はハードウエア（略してハード）のみで、ソフトの必要はない。言い方を換えれば、アナログ物のソフトとは自然現象そのものとも言えるのである。

自然科学者ならば、この自然現象というものの整然性、美しさ、素晴らしさ、完璧性を知っているはずである。さらにその自然科学者が敬虔であれば、「神は偉大なり」という畏敬の念がその心底に刻み込まれていると思われる。このようにアナログ物は神の作品なのであるから、それを扱っている限り人間のわがまま勝手は通らなかったし、またその意味で安全でもあった。

ところがディジタル時代が到来して、その膨大な数のソフトが作られだすや、人間そのものの気持ちや考え方がもろにソフトに反映しだした。ここで、人間という存在が完璧なものならば問題はないのであるが、残念ながら人間は不完全な存在なのである。貪欲に踊らされながらその悪性に気付かず、煩悩に汚され、我執が強く、完全だと自負しても欠陥があり、簡単に思い上がっていい気になり、近視眼的で奥行きがなく、……こういった欠点だらけの存在がわれわれ人間なのである。そして、多くの人々はそのことに自らが気付いていない点が、さらに問題なのである。そしてその不完全な人間の性質がソフトに反映し、そのソフトに従って動くディジタル機器はちゃちになってしまったのである。アナログが完璧性と無限の奥行きを備えた神のものであるのとは大違いなのである。

アナログ物は人間がその気になりさえすれば――その気にならなければだめであるが――こちらの程度に応じていくらでも教え育んでもらうことができたのだった。それはアナログ物は神の作品だからである。ところがディジタル物は、そのソフトを作った人のレベルで品格が決まってしまい、それ以上のものをそれから習得することはできない。神と人間とのレベルの差が――これは無限と有限の差と言ってもよいのだが――歴然と現れてしまったのである。

アナログ時代、機器に囲まれていたということは、神に囲まれていたということであった。ゆえにしっとりとした深い味わいがあった。味わえば味わうほどコクがしみ出してきた。しかしディジタル時代になって、一面進歩し便利にはなったものの、神は遠のき、有限な人間が作った、不完全でちゃちな、味わいのない物に囲まれることになってしまった。これが現代の表明しがたい希薄感・疎外感、言ってみればコクのない感じを招き出したと筆者は見るのである。

しかもまだその程度ならば我慢ができるのだが、ソフトは人間が思った通りに書くことができる。すると機器はそのソフトに従って思った通りに動くことになる。このことが不完全な人間を思い上がらせ、「神は偉大なり」という畏敬の念は消失し、代わって「人間は偉大なり」という、傲慢きわまりない、うぬぼれの時代を作りつつあると思われるのである。すなわち、今やディジタル時代は、神を恐れぬ人間のでっち上げたものが氾濫する危険な時代になりつつあると観るのである。

ただし、第四章で詳述した「三性の理」を思い出してほしい。ここまではディジタルをいかにも悪であるかのように論じたが、実はディジタルも無記なのである。その無記が完全でない人間の手に掛かったから悪の面を見せてきたというふうに、受け止めて頂きたい。

本稿を執筆中に東日本大震災が発生した。超大地震・超大津波に加えて東京電力福島第一原子力発電所の大事故が起こった。それは、われわれ人間に向かって発せられた、「退歩」の重要性、大自然に対する敬虔さに目覚めよとの神の声であるかのようにも受け取られた。

今こそわれわれは、より謙虚になり、大自然に対する畏敬の念を高めなければならないと、筆者自身をも含めて全人類に忠告したいのである。これこそが「退歩」中の「退歩」だからである。

あとがき

本書は進歩を否定するものではないことは、まえがきで述べたところだが、書き終わって思うに、時期尚早の感がしないでもない。経済界ではGDPの減少を嘆き、その増進が懸命に計られているし、自動車や家電をはじめとする諸産業では、開発途上国への販路拡大に望みが託されているのが現状であり、退歩とは何事ぞとの思いを抱かれる人々がまだまだ多いと予想されるからである。しかしそのことこそが本書を上梓する意義なのである。

じつは、本書第七章に書いたシルエットの発想は、筆者の禅の師（現在、静岡県三島市の龍《りゅう》澤寺《たくじ》専門道場師家《しけ》の後藤榮山老大師）のアドヴァイスもあって、今を去る三〇年昔の一九八一年に発刊された拙著『千輪車の発想』（講談社）の中で述べたところの再録なのである。師は当時から「よいか、二一世紀は二〇世紀の後始末をする時代だよ」と言っておられた。しかし世間の機熟さず出版後はどの読者からも反響はなく、まったく気にもとめられなかったようである。だが三〇年後、東京電力福島第一原子力発電所の事故が起きて、師の先見性がようやく証明されたことになった。後始末は原子力に限らず、各方面で今後つぎつぎと問題になるであろう。これが本書を物した理由である。

徹した「一つ」の第二章は、直接的にはシルエットの発想にも表れている「陰」の考え方の必要性について読者に自信を持ってもらいたいとの願いから、それを理論的に裏付け補強するために挿入した章ではあるが、それは人生万般に役立つ重要な根本原理を説いたものゆえ、あらゆる面に応用し役立てて頂きたいと念願する。

本書の結論は、自然に対する畏敬の念と敬虔な姿勢を取ることに尽きよう。しばしば、自然保護とか地球にやさしく、といった類の言葉が発せられているが、この言葉が人間の思い上がりであり、また人間中心の発言であることが理解できれば、退歩への第一歩は踏み出し得たと言ってよかろう。今回の東日本大震災で、自然とか地球の威力が思い知らされ、それは人間が保護できるような小さなものではないことが分かったではないか。

終わりに、本書刊行について中央学術研究所の藤田浩一郎次長、中島克久氏、佼成出版社の平本享也編集長、またとくに大室英暁氏のお世話になった。ここに甚深の謝意を表させて頂く。

二〇一一年一〇月

著者　森　政弘　しるす

【著者略歴】

森　政弘（もり・まさひろ）

一九二七年（昭和二年）、三重県生まれ。名古屋大学工学部電気学科卒業。工学博士。東京大学教授、東京工業大学教授を経て現在、東京工業大学名誉教授、日本ロボット学会名誉会長、中央学術研究所講師、NPO法人国際ロボフェスタ協会特別顧問、ロボコンマガジン編集顧問。ロボットコンテスト（ロボコン）の創始者であるとともに、約四〇年にわたる仏教および禅研究家としての著作も多い。NHK放送文化賞、紫綬褒章および勲三等旭日中綬章、ロボット活用社会貢献賞ほか受賞。著書に『今を生きていく力「六波羅蜜」』（教育評論社）、『親子のための仏教入門――我慢が楽しくなる技術――』（幻冬舎新書）、『仏教新論』（佼成出版社）ほか多数ある。

退歩を学べ
――ロボット博士の仏教的省察――

2011年11月15日　初版第1刷発行
2022年11月30日　初版第7刷発行

著　　者　森　政弘
編集責任　中央学術研究所
発 行 者　中沢純一
発 行 所　株式会社佼成出版社
〒166-8535　東京都杉並区和田2-7-1
電話 (03) 5385-2317（編集）
(03) 5385-2323（販売）
URL https://kosei-shuppan.co.jp/
印 刷 所　錦明印刷株式会社
製 本 所　錦明印刷株式会社
◎落丁本・乱丁本はお取り替えいたします。

ISBN978-4-333-02512-1 C0215

「アーユスの森新書」の刊行にあたって

アーユスとはサンスクリット語で「いのち」「生命」などを意味する言葉です。「アーユスの森」という言葉には、大自然の森に生かされて生きている人間の原風景があります。いのち溢れる土壌のもとに、森の多種多様な生き物の「いのちの呼応」が、豊かないのちの森の絨毯を織りなしています。

「アーユスの森新書」では、あらゆるものの中に潜むいのちを見つめ、私たち「生きとし生けるもの」がどのように自分のいのちを燃やしていけばよいのか、を問いかけていきます。そのために身近な出来事を含め生老病死の問題とどう向き合って生きていくか、という個人の生き方から、現代世界、現代社会が直面しているグローバルな諸問題まで、仏教学者や宗教学者など専門家だけではなく「いのちの森に共に生きる」さまざまな立場から取り上げます。

読者も専門家も「いのち」の大切さや不思議さを共に感じ、考え、生きていることを味わえる場にしていきたい。そして、青少年・学生・一般読者の皆様と共に生きる「アーユスの森新書」でありたいと願っています。

中央学術研究所は、これからも各専門分野の研究に取り組むだけではなく、その成果を少しでも多くの方と分かち合うことにより、よりよき社会・世界の平和へと微力ながら尽くして参ります。

中央学術研究所

（二〇一〇年五月改訂）